Contents

前言：

身體和靈魂總有一個在路上

【動機】人生只有一次，為什麼不旅行？

2011年××月××日，在公司的辦公桌上敲著鍵盤時，突然接收到朋友的一則訊息：「我預計明年要去日本之後還要去阿拉斯加搭渡輪。。。」後面的文字自動省略，看著眼前的電腦和辦公室的隔間板，心中只有羨慕忌妒恨，還是默默地回說：「真羨慕阿！~~我也超想去環遊世界的。」沒多久朋友又回了一句：「你要的話也可以啊！~」那時心中第一個念頭是：「怎麼可能啊？沒錢啦！」也馬上呈現在文字上，回傳後認真的想了想，真的沒有機會嗎？自助旅行本來就是我個人興趣，之前也自己自助旅行過，幸運的是，目前無家累，也還沒打算買房和買車，本身是個阿宅宅，又不太會花錢，所以累積一筆小錢，而我現在工作而存的錢，到底是要拿來做什麼用的？對於我這個享樂主義派，覺得人生必須在年輕時去體會世界的樂趣是更重要的，雖然人老後，仍可以出去旅遊，但心境一定和年輕時所體會的感覺不同，再者，人老時，體力也會相對的衰退，背在身上的包袱會越來越沉重，回到家裡，翻找出高中時期買了兩本有關環遊世界的書籍，我知道這絕對不是一時的興起，只是將埋藏已久的夢想再次被挖掘出來，高中時期認為是幻想，現在要讓幻想變成現實，這是讓人多麼高興的事情！雖然對於旅行的印象，已經和當初懵懵懂懂的幻想不同，但更讓我覺得可行性是越來越高。為什麼別人可以？我不行？我也可以達成。當決心一旦下定後，腦中浮現了一些概念，開始著手搜尋其他注意事項。

【金錢】十萬塊真的可以環遊世界嗎？那到底要存多少錢？

錢不是萬能，但沒有錢萬萬不能，非常現實的一環，也是相當重要的一環，買了一本環遊世界相關的書，此書籍蒐集了許多環遊世界背包客的經驗談，因此粗估最基本至少一定要有五十萬台幣以上的底金，而且必須越多越好，雖然市面上有許多十萬或是二十萬環遊世界的經驗談，但我知道自己對於金錢管理不夠精明，而且也想要多多嘗試新鮮事物，花費一定相對貴多了，這種省錢極致的環遊世界不是在我的考慮範圍內。由於開始計畫環遊世界的時間點，我的資金只勉強到達底線，所以目標一年後出發，這一年內必須強迫自己大量儲蓄，而這一年的儲蓄則是我的緩衝資金，P.S.雖然我覺得我玩回來仍然會一貧如洗，但至少不會到負債累累這麼可憐。

【規劃行程】世界這麼大，行程要怎麼規劃？施主啊！這個問題要問你自己。

說實在話，這個選項因人而異，因為有的人是完全沒有計畫的旅行，也就不需要規劃，看哪裡機票或車票便宜，就往哪裡走，而我因為要讓父母放心…不是啦！本來就計畫購買「寰宇一家」環球機票（Oneworld ticket），所以必須制定好大抵的行程和時間，才能購買機票。我所選擇的環球機票為四大洲（亞洲、北美洲、南美洲、歐洲），總共十六個航段點。當然環球機票便宜不是沒有道理，他有非常多的限制，規定也可能隨時修改，當航班確定後，機票時間和地點更改，都會額外花一筆改票費用，但如果充分運用會相當的划算。其實還有其他航空公司聯盟的方案，像是星空聯盟等等，但是我選擇「寰宇一家」環球機票的原因是我想去復活節島！！從南美洲飛往復活節島的航班被智利航空公司（LAN airlines）獨佔，價格非常的昂貴，所以買「寰宇一家」環球機票可以省下不少金額。而預訂機票我是直接找上國泰航空，因為他是唯一「寰宇一家」航空聯盟中在台灣有公司的，替我購買機票的票務小姐也非常替我高興！有興趣的朋友可以去以下的網站了解機票規則：http://www.oneworld.com/flights/round-the-world-fares

規劃行程的方式由大（洲）到小（國家），不然突然全世界幾百個國家擺在你眼前，還真的不知道怎麼下手，從你最想去的洲先定下來，再要去那些國家，再細項到想去哪些地方。而各個國家的資訊，我覺得專業的旅遊書有它的存在意義，我買了不同洲的孤獨星球Lonely Planet旅行工具書，對於我的行程安排有非常大的幫助，雖然可能不會是最新的版本，但可以讓我對於各個地方有最初步的了解，像是地理位置、交通方式、治安、平均金額花費、跨越邊境方式…etc，在無法帶著厚重的書到處跑的情況下，買電子版是最好的選擇。而我也常常泡在背包客棧網站跟其他的背包客互相交流資訊，又或者是多聽聽環遊世界前輩的話，就可以免掉很多錯誤。

【簽證】小時候都覺得辦簽證很酷，長大後才發現免簽證才是王道。

簽證真的是比人生安全之後第一重要的事情，在出發之前，不斷地前往台灣外交部網頁查詢台灣人可免簽證以及可落地簽證前往的國家，這時候其實很慶幸歐盟已經給予台灣免簽證的優惠，不然真的想到就頭大，把我的行程攤開來，再把需要簽證的國家列出來，並開始找尋辦理簽證的資訊。簽證的煩人度，真的不能小看，而且影響行程極大。因為行程的先後順序就是要看是不是免簽證或是落地簽，如果不能免簽證或落地簽，是否可在第三方國家辦理簽證？如果不能在第三方國家辦理簽證，這個國家可能就無法列入又或者是一開始在台灣就必須辦好簽證並先進入此國家。小時候都覺得有個簽證在護照上面超酷的，非常地驕傲，長大之後，才發現申請這些簽證非常的繁瑣，要花額外的時間和金錢才能換來的，一個國家要得到對方國家的認同才是真正的王道啊！每當在外，就會再次體會到免簽證的優惠待遇真的很重要。

【安全】身體髮膚，受之父母，不敢毀傷，孝之始也。

人身安全是最重要的，盡量預防任何有可能會發生的突發狀況，但世事難預料，如果不幸的事情發生了，只有努力將傷害降到最低，最容易碰到的兩種狀況：第一、不可抗力的意外災害。坐巴士路途中遇上車禍或是半路遇上打劫等等。第二、自找的意外災害。到瀑布玩學泰山盪藤蔓，卻不小心掉落到水裡，手因此骨折。不管是不可抗力或是自找的因素，在出發前快去保旅遊平安險吧！雖然很消極，但卻很實用，但是我還是要說，台灣的健保制度非常的好，在國外看醫生，隨隨便便都是萬起跳，請大家要愛惜我們的全民健保體制啊！我不會反對大家多多嘗試新事物，但是有些明知道是非常危險的行為，還是避免去做吧！

【家人溝通】家家有本難念的經，父母這關還是要過！～

其實父母一開始對我辭職去環遊世界頗不能理解的，第一個我因此離職了，第二個我是一個女生自己還到處亂跑，應該要在家裡刺繡啊！為了要減少父母的擔憂，我將我的旅行計畫做成PPT（包括去那些國家，預計會待在那些地方和待多少時間）給父母確認，也將花費粗抓給父母，並每天更新Facebook讓父母知道我最新的狀況讓他們安心。（真相：其實計畫趕不上變化，我的PPT的行程走還不到一半就因為護照被偷，計畫整個大亂，後面的時間和地方都變了，但是我還是很盡責的更新我每天的資訊讓父母知道我很平安。）

【行李】哨子、腳架、旅行錢包…etc，這些東西是真的需要還是不需要？

雖然之前有很多自助旅行經驗，但是一次花上十個月的旅行經驗我倒是沒有，所以開始為自己預設一大堆的立場，想像著自己有可能會在山裡落難，或是迷失在人煙稀少的森林裡，結果就準備了一大堆不應該也不需要帶的東西，裡面我最後悔帶的東西的有以下：

第一、腳架，我一直覺得自己一定會到處拍照，但是因為我自己一個人，所以一定要帶腳架才能照出好照片，但事實是腳架太重了！除非是專業的攝影師，以攝影為工作，不然出門不會隨身背個腳架出去的，而且又佔位子，我到半路直接把它留在旅館裡給有緣人，真的輕鬆不少。

第二、旅行支票，其實很多「比較偏遠的國家」，他們都不接受旅行支票，如果帶了一大堆的旅行支票是非常麻煩的，很難兌現。而在歐洲也不喜歡收美國運通的旅行支票，就更為麻煩，所以還是帶張金融卡或是信用卡方便多了，但是要小心防止盜刷。

第三、網路線，現在是二十一世紀，連中美洲都家家用無線網路，請不要小看別人，而有些地方是真的沒網路，但相信我，如果沒網路，連有線網路也不會有，所以帶了也沒用。

必須帶的物件如下：隨身藥品（生了兩次病，把藥吃了一半以上）、手電筒、童軍繩（不要笑，我真的用到了）、護照／簽證／財力證明…etc影本（存一份電子檔在雲端上面，這非常的重要，申請簽證會使用到），瑞士小刀（非常地好用，常常在意想不到的地方使用到它），還有一個最重要的貼身防搶旅行腰包，這感覺很俗氣，但卻超級好用！因為腰包是放在褲子內，所以小偷真的很難偷，除了這些，當然還有護照、錢、信用卡這些不管去哪個國家都會帶到的東西。在衣服上面，我唯一會推薦的是要帶一件防風防水的外套和防水褲，對我而言非常實用，其他就憑個人喜好攜帶即可。

【心理建設】最大的障礙其實是心魔啊！一切都嚇不倒我的！

一開始有動機，整個計畫才能開始運轉，但在運轉的期間，還是有非常多的變化，要如何持之以恆的將計畫實行，也是不容易的。只要心志不堅定，計畫隨時都會取消，周遭會有許多不同的聲音，有支持的也有反對的，而我的想法是如果我真的真的很想要去某個地方，而因為找不到一起前往的旅伴，導致我無法去這個地方，那是不是我這一輩子都沒有機會去了？我覺得這並不合理，如果真的想要去這個地方，任何困難都有辦法解決，只是看個人有多想要去而已，如同《牧羊少年奇幻之旅》的內容：「當你真心渴望某樣東西時，整個宇宙都會聯合起來幫助你完成。」所以一切的障礙都來自於心魔啊～～同時必須承受旅行結束後的壓力，古人云：有失必有得。回來後的金錢上、工作上以及人際關係上都必須要做調適，必定會有一段陣痛期，要先替自己打心理預防針，不然很有可能無法重新適應社會。

常聽到許多旅行的人說：「壯遊就是要跟自己對話，在行走中可以認識不同的自己…etc」說實在話，我到旅行回來都還是搞不清楚跟自己對話是什麼意思？因為旅程上大多都是獨自一個人，天天想的都是等一下要吃什麼？明天的旅館要住哪？這行李箱真是他x的重，恨不得把它丟在地上一走了之，又或者是今天要去哪裡？交通怎麼坐？何時會發車的西班牙文怎麼講？東西怎麼放才不會被偷？都是在想這些亂七八糟的東西，這是跟自己對話嗎？常常有人把旅行說是壯遊，對我而言，壯遊這個詞把旅行講的太沉重了，我不會為了這趟旅程下任何註解，也不期望了一趟回來突然開天眼，對任何事情都豁然開朗，當然如果有的話最好，但是沒有的話也不會說浪費這趟旅程了。環遊世界聽起來好像很厲害，但其實想想也還好，只是到各個國家當觀光客，時間多了點，錢花多了點，對於其他夢想而言，環遊世界相對比較容易實現的。簡而言之，每個人想要的東西不一樣，只是我想去環遊世界而我去實行罷了，環遊世界，沒有想像的那麼困難！

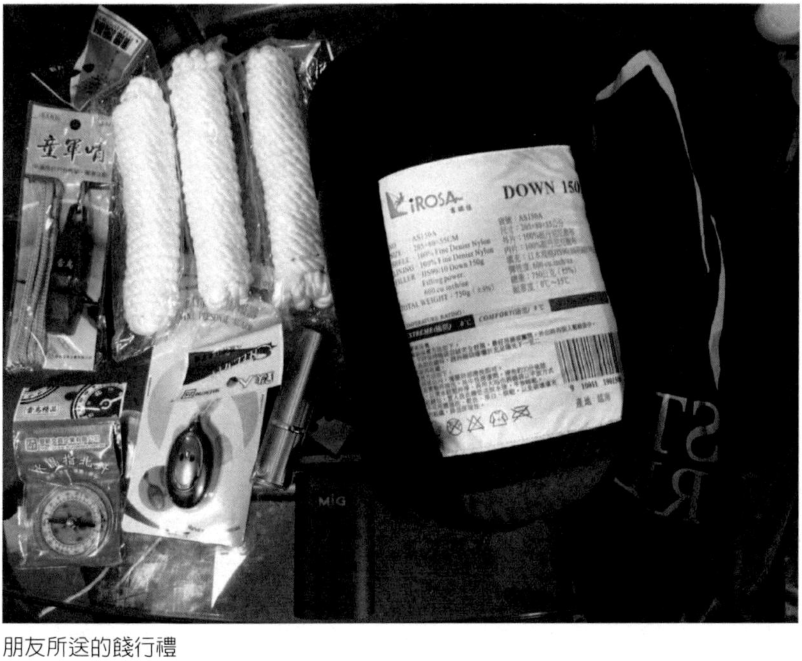

朋友所送的餞行禮

【行程大綱】排來排去，計畫趕不上變化

我的行程最後拍板定案了，但是人算不如天算，中間遇到了許多不可抗拒的因素，讓整個行程歪掉（劃掉部分為修改前行程）

- U.S.A. – 7 days（2/23 – 3/2）
- Mexico – 14 days（3/2 – 3/15）
- Guatemala – 7 days（3/15 – 3/21）
- El Salvador – 4 days（3/22 – 3/25）
- Honduras – 5 days（3/26 – 3/30）
- Nicaragua – 5 days（3/31 – 4/3）
- Costa Rica – 5 days（4/4 – 4/8）
- Colombia – 9 days（04/09 – 04/17）
- Ecuador – 5 9 days（04/18 – 04/26）→將Peru的亞馬遜改成從Ecuador進入，所以時間延長。
- Peru – ~~11~~ 6 days（04/27 – 05/02）→將亞馬遜旅程取消，天數減少

- Chile – ~~16~~ 24 days（05/03 – 05/26）→覺得智利很好玩，多停留幾天
- Eastern Island（05/09- 05/13）
- Argentina – ~~17~~ 38 days（05/27 – 07/04）→因為護照被偷，所以行程延展，行程從這裡開始崩壞
- Brazil – ~~9~~ 11 days（07/05 – 07/15）→到歐洲的行程整整延後一個月
- Spain/Portugal – 15 days（07/16 – 07/30）
- France – 8 days（07/31 – 08/06）
- Italy – ~~14~~ 19 days（08/07 – 08/26）→等待夥伴，多滯留幾天
- Greece – 9 days（08/27 – 09/04）
- ~~Bulgaria – 5 days（08/01 – 08/05）~~（×）→取消，直接去Hungary
- ~~Romania – 5 days（08/06 – 08/10）~~（×）→取消，直接去Hungary
- Hungary– ~~5~~ 4 days（09/05 –09/08）
- Austria – ~~2~~ 4 days（09/09 – 09/12）→把Slovakia的時間補過來
- ~~Slovakia – 2 days（08/18 – 08/19）~~（×）→行程太緊湊，直接取消
- Czech of Republic – ~~5~~ 6 days（09/13 – 09/18）
- Poland – 11 days（09/19 –09/29）

- Germany – 6 10 days（09/30- 10/09）→因為確定無法辦印度簽證，停留時間多去了北德
- Jordan & Israel – ~~15~~ 21 days（10/10 – 10/30）→發現在約旦也無法在時間內辦理印度簽證，直接改航班直飛香港
- ~~India – 7 days（09/25 – 10/01）~~（×）→取消，無法在歐洲和約旦申請到印度簽證
- Nepal – 10 days（10/02 – 10/11）（×）→因無法入進印度，連帶取消
- ~~Tibet – 15 days（10/12 – 10/26）~~（×）→天氣太冷和無法申請到入藏證
- China – 30 54 days（10/31– 12/23）
- ~~新疆 – 15 days（10/27 – 11/9）~~（×）→天氣太冷
- 廣東 – 9 days（10/31 – 11/08）
- 湖南 – 3 days（11/09 – 11/11）→只去爬南嶽衡山
- 廣西 – 5 days（11/12 – 11/16）
- 貴州 – 4 days（11/17 – 11/20）
- 雲南 – 16 days（11/21 – 12/06）
- 四川 – 15 17 days（12/07 – 12/23）
- Taiwan – ~~11/25~~ 12/24 Home

結論：人算不如天算，計畫趕不上變化，行程整個大亂，且戰且走是最能隨機應變的了。

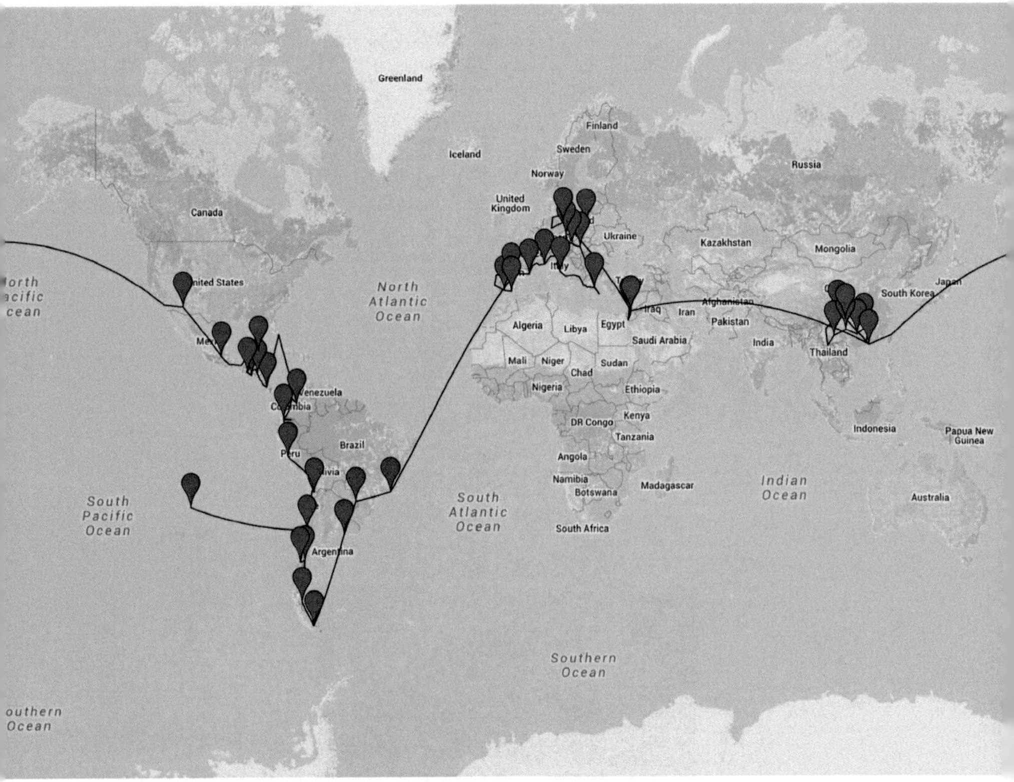
Greenland
Iceland
Finland
Sweden
Norway
Russia
United Kingdom
Canada
Ukraine
Kazakhstan
Mongolia
United States
North Atlantic Ocean
South Korea
Japan
Iraq
Iran
Afghanistan
Pakistan
India
Algeria
Libya
Egypt
Saudi Arabia
Thailand
Mali
Niger
Sudan
Chad
Nigeria
Ethiopia
Venezuela
Kenya
DR Congo
Tanzania
Indonesia
Papua New Guinea
Brazil
Peru
Angola
Namibia
Botswana
Madagascar
Indian Ocean
South Pacific Ocean
South Atlantic Ocean
Australia
South Africa
Southern Ocean

環遊世界行走路線

【自我準備】理了一個大光頭，整死我啦！

在出發前，下定決心去剃了一個大光頭，雖然說是大光頭，但是幫我下刀的男理髮師下不了手，剩下差不多一分頭時跟我說：「這樣就夠了吧？不要再剪了！你媽會不會跑來打我？」為了不讓理髮師感到困擾，所以我就頂著一顆一分頭準備出發，當初的想法很簡單。1.省剪頭髮、洗頭髮、吹頭髮…等整理的時間和金錢。2.比較能杜絕一些亂七八糟的人。3.回台灣剛好長回來。4.還有一點是自己的私心，女人一輩子何時會光頭過？除了出家當尼姑或是要化療，當然我並不希望後者會發生，所以為什麼不嘗試看看勒？反正一次都要挑戰這麼大的，再多一個也何樂而不為？一切都是如此的美好，Anyway！我就這樣清爽上陣了！

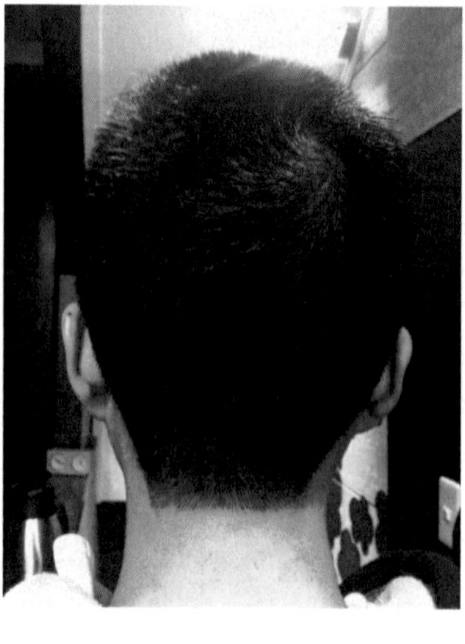

背後來一張

出發後沒多久，我的裝扮通常是戴著鴨舌帽或是綁頭巾，但我發現了這種髮型還是有個很大的困擾，而這個困擾是我之前從來沒有想到的。。。那就是。。。在中、南美洲，去公共廁所上廁所時，常常是需要付錢或是有人在看管的，而管理的人員通常是老婆婆。困擾就是這樣產生的。

狀況一：

在廁所前直接被攔截，叫我去男廁。

狀況二：

有一位老婆婆還特別追到廁所裡面來，拼命敲我的廁所門，我打開門後，努力的拚出「我」和「女的」的西班牙文，結果我看到她那無法置信的驚恐表情，我想我短時間都無法忘記她那驚恐的表情。。。

（不好意思！驚嚇到老太太您了。。。）

中美洲：第一站

Central America

【U.S.A. 美國】走，打槍去！

哈哈哈哈！帶著忐忑的心情出發，第一站就先到美國壓壓驚，去找靠山啊！所謂在家靠父母，在外靠朋友，我現在就去投靠朋友啦！~吃香喝辣等著我啊！~耶？不是說要當背包客、苦行僧的旅程？現在這是演哪齣？第一站先讓我緩緩身啊！~果然在朋友家裡受到盛情的款待，還吃到了超級好吃的牛排！！！喬伊斯！謝謝你！

我朋友跟我說，欸！你明天要早一點回來喔！我們帶你去一個地方，你之前沒有嘗試過，你應該會有興趣！我說：「喔！好！」結果當天要回來的時候，竟然給我碰到塞車！害我遲到了半小時才回到朋友家，我朋友說：「怎麼這麼慢啊？我載你去，我先生已經先去

多汁鮮美的牛排！

了，他在那邊等我們。」真不好意思…結果我們到的場所竟然是，射擊場！喔喔喔喔喔！！！！超酷的啦！在台灣根本沒有機會拿真槍實彈射擊過，現在終於有這個機會可以試試看了，朋友先生本身就合法持有兩把槍，然後自己買子彈和靶紙，休假時就來這裡練習射擊，他先教我怎麼上膛、退夾和裝子彈，姿勢要怎麼站，手伸直，兩手握槍，就讓我們倆開始練習射擊，卡彈的時候他再來處理，他嚴肅地對我說：「千萬、千萬不要把槍對著人！一定要把子彈都擊發完後再放下。」第一次擊發時，其實內心有點震驚擊發的後座力，和子彈的速度，我們拿到的槍還是比較小型的槍枝，所以破壞性比較弱，從靶紙的破洞就可以看的出來，而另外一支手槍，是正規警察在使用的，破壞性較大，威力更強，最後幾次我用了另外一支手槍射擊，發現後座力很強，發出的聲響更大，更難控制他的精準度，心中一直想著這種破壞性和速度，打在人的身體上，到底會有什麼樣程度的傷害？這種武器，竟然是設計給射擊人類做使用的。水能載舟，亦能覆舟，武器雖然可以防身，但非必要，盡量不使用就不使用。不過還是很感謝我朋友讓我有這個機會可以試試看實彈射擊的經驗，非常地有趣！我老媽看到我竟然去練習打靶，嚇得說如果為了旅行還要練習射擊，不如不要去！在美國先休閒的度過一個星期，就要準備真正的正式上路了！前往墨西哥！Hola! Tequila! Tortilla!

一定要戴耳罩，不然射擊聲音實在是太大聲了

【Mexico 墨西哥】Hola! Mexico! 踏出成功的第一步

抱著雀躍不已的心情進入墨西哥市的機場，排隊入關的時候，前面排著兩位美國媽媽來度假，他們看著我一個人，就問我說你是一個人來墨西哥嗎？我說是，他們又問說你是來找朋友的嗎？我回說我只是來旅遊的，沒有朋友在這裡。結果其中一位媽媽就很驚訝的說：「What are you? 你是十四歲小孩子想要逃離家裡永遠都不回去嗎？」害我噗哧地笑了出來，在過境海關後，墨西哥海關會給你一張黃色的紙，美國媽媽還特地走過來跟我說：「你一定要保管好這張黃色的紙，如果你掉了這張紙，你知道嗎？你就不是台灣人，你是墨西哥人。」結果我看到墨西哥海關大哥偷偷在笑。

離開機場後，街道上到處充斥著西班牙文，深深地覺得。。。我來到跟美國不一樣的地方了，雖然在出發前惡補了兩、三個月的西班牙文，到這裡才發現根本不夠用，我想要到市區，連坐捷運都不知道我身在哪一站，而機場的警察也不太會說英文，我只好跟著人群走，終於給我找到了捷運站，尋問了一位也是拉著行李箱的男生怎麼坐捷運到目的地，他一開始很吃驚我竟然一個人跑到墨西哥來玩，他本身是位墨西哥人，但時常去美國工作，他說外國人通常覺得墨西哥是相對危險的國家，我怎麼會想要到這裡來玩呢？而且非常熱心的帶著我跟著他一起坐捷運，拿著手機幫我查了查路線，跟我說：「你先用手機把捷運路線圖照起來，你要在這個站轉車，雖然我們的捷運路線看起來很亂，不過坐久了就會習慣了～祝你好運！～」熱心的好人還是有的啊！～墨西哥人還嘲笑自己的捷運，說像是在洗三溫暖，非常熱而且還有人幫你馬殺雞（因為太擠）。

P.S.如果本身有美國簽證（有效期限內）的話，是不用再額外辦理墨西哥簽證的，但是最近美國對台灣提供了免簽證計畫（VWP）後，如果台灣人只辦理了免簽證計畫卻沒有美國簽證，仍然需要額外辦理墨西哥簽證了，正所謂有一好，沒倆好啊～～

美國簽證（在有效期限內）→不用辦理墨西哥簽證

免簽證計畫（無美國簽證）→需要辦理墨西哥簽證

超級喜歡他們的摔角頭套的啦！

中間的老兄是在賣CD喔！胸前背著超大音箱。

所以趕快買了一個給自己戴～耶！Lucha Libre!

墨西哥市的鬥牛場，卻不在季節啊！…照個相過乾癮

【Mexico 墨西哥】鬥牛表演擦身而過

2013/03/07日誌：

在墨西哥市找尋Plaza Mexico去看鬥牛表演時，遇到相同想去看鬥牛表演也迷路的兩位加拿大人，我們一起被網路上的資訊欺騙了~（話說鬥牛表演是從每年十一月開始到下一年二月中左右結束）都沒看到鬥牛，女生說：「為了看鬥牛表演，我還特地穿好了運動鞋，那你之後會去哪裡？」我說：「一路往南。」她又說：「那你的工作或課業呢？」我回答說：「事實上，我辭職了。」那女生聽到後，笑得非常燦爛對我說：「我喜歡！~」她的笑容讓我印象很深刻~

【Mexico 墨西哥】我不吃我不會發音的食物

2013/03/10日誌：

在旅途中常常喝了一些或吃了一些連名字都發不出來的食物，就會想到The Best Exotic Marigold Hotel（金盞花大酒店）裡的台詞：「No, if I can't pronounce it,I don't want to eat it.」自己根本不知道這是什麼的東西，每次我問別人說：「這是什麼東西？好吃嗎？」別人總是回答說：「你吃吃看就會知道了。」人生啊~總是要有點嘗試，生活才會有樂趣啊！~

不明飲料

不明飲料二（同行的外國人說喝起來像厚紙板的味道）

【Mexico 墨西哥】過夜巴士坐不停！～

2013/03/10日誌：

昨天坐了十一小時的過夜巴士，雖然客運公司很貼心的發免費的水和耳機，但是沒想到一路山路，車子超晃的，沒多久…我就吐了…根本來不及吃暈車藥…背上又有曬傷的燒灼感，整個不Okay…車上撥放著西班牙文版的127 hours，男主角一直喊著「por favor!!（拜託！）」，我的心中也喊著「por favor!!（拜託！）」，墨西哥的巴士公司都很貼心，為了避免誤拿行李或是偷領行李，他們都會將發放對應的行李牌，上車的時候也要對照乘客的身分。

P.S.後來在南美洲和歐洲坐過夜巴士坐出心得了，我寫在另外一篇。

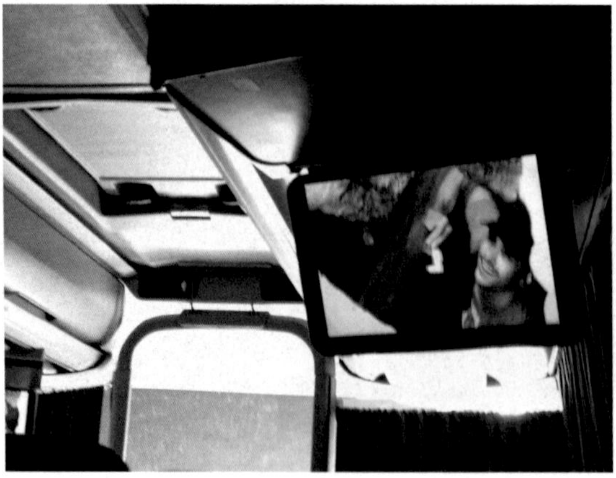

Por Favor!（Please!）

【Mexico 墨西哥】馬雅文化／阿茲克特文化傻傻分不清楚

到墨西哥來就是要看馬雅文化！就是要看阿茲克特文化阿！不然要幹嘛啊？所以我的行程裡，充滿著馬雅、馬雅、阿茲克特、阿茲克特，每天的行程都要來一個金字塔和神殿，七大奇蹟的神殿！最大的神殿！神殿在海邊！神殿在森林中！小卻精緻的神殿！和居民一起居住的神殿！有五、六層樓高的神殿！看到最後都快昏頭了！我不管我就是要看它！之前看了許多消失的馬雅文明和阿茲克特的文明，我一直覺得這些地方好神祕，馬雅創造出文字和曆法，又設計了太空梭（外星人相關書籍寫到），但卻又在非常短暫的時間，整個文明和人民一起消失，到底發生了什麼事情？是因為長久不下雨，導致農作物無法生長，也因此導致各個民族互相廝殺，奪取資源，最後大家棄城離開？遺址上的運動擂台真的是你死我活的運動嗎？輸者或是贏家就必須犧牲自己的生命祭祀雨神？每個神殿的高台，放置著人形的石臺，真的是戰犯俘虜的斷頭台嗎？一切的疑問都很吸引我去到這些地方，但是也因為整個文明都被遺棄了，大家都只能旁敲側擊去了解最接近真相的可能性，而我！無法以專業的角度去看待文明，湊湊熱鬧我也很開心。我第一個去的神殿，當然是有日月神殿的特奧蒂瓦坎（Teotihuacan）！距離墨西哥市只要一個小時就可以抵達，問題是怎麼去？後來詢問到可以坐公車去，買了張票上面寫了些什麼完全看不懂，只知道他的終點站就是日月神殿，所以不怕坐過站，一開始還擔心坐錯車，不過後來看到陸陸續續上來的外國人，就安心不少，一抵達目的地，黃沙滾滾，好像被遺棄在荒郊野外一樣，一開始進去看，喔喔喔！！！好大喔！！比我想像中的大耶！好開心喔！到處東看看西走走，過了一會，啊⋯那個～～好像有點太大了！怎麼永遠走到不到道路的另外一邊，而且因為天氣非常炎熱，整個口乾舌燥，我發現我根本沒有帶半瓶水進來，在這個整個觀光景區內，是沒有販賣水和飲料的，所以請大家一定要先買好水再前往，我一邊走在大道上一邊想，難怪這條道路叫做「死亡之道」，因為我也要在這條道路上渴死了⋯而月亮神殿現在都不讓觀光客爬到最頂端，據了解之前有觀光客從最上層跌落到地面，所以觀光局一律禁止大家再往上攀爬，但是太陽神殿還是可以爬的。Teotihuacan只有兩個出入口，請注意！所以進去後不要走回頭路！等我離開後，趕快跑到商店買了一罐可樂，真的有如獲甘霖的感覺，可口可樂！回去馬上投資你的股票！一滴都可以慰藉我的小心靈，大家都在問怎麼過去，但是有人問到怎麼回去嗎？因為公車是把我們放在第一出入口，可是我卻是從第二出入口出去，難道要我從這裡走回第一出入口嗎？No Way，我趕快抓了一位當地的警察，詢問我要回去市區在哪裡坐公車？結果那位警察就指了指馬路對面，說：「There!」我看了看他指的地方，就是馬路邊，沒有別的可以辨別的東西，就只是馬路邊，沒有公車牌，沒有小涼亭，就是馬路邊！我一臉狐疑的看他說：「There?」他就親自把我帶到對面馬路，原地踏步站定位，說：「Here! Wait!」然後他就過馬路回到他的崗位，我一臉像是被丟棄的小狗看著遠處的他，他就指

記得要帶水！

月亮金字塔

從一個神殿看出去和另外兩座神殿的距離，真的不騙人，超級遠！

指一台準備行駛過來的公車，他就喊說：「Bus!」喔喔喔！~這真是太神奇了！馬上就有公車來了！我開心地跟他道謝後就坐上公車。

而我一直覺得這些神殿已經很大了，沒想到，一山還有一山高，之前對於這個地方開始產生興趣，是因為一本書，叫做「不去會死！」，我看到作者對於Tikal（蒂卡爾）的讚嘆有點太過於誇張，我一直心想真的有這個厲害嗎？之前對於中美洲金字塔，第一個想到的就是Teotihuacan（特奧蒂瓦坎）和Chichen itza（奇琴伊察），Tikal（蒂卡爾）會更厲害嗎？可是它並不在墨西哥，是在瓜地馬拉，而且距離首都瓜地馬拉市又超遠，搭車要花至少八小時以上，不管從哪的地方前往，都有一段距離，這麼神秘的地方！超想去看看的！心一橫，牙一咬，想說這輩子說不定不可能會再來第二遍了，就去吧！玩就是要玩開心啊！不要有遺憾，抵達了目的地後，我只能說：這個地方真的是超級無敵大~大~大~大~因為太大了，會

Panleque 帕倫克馬雅文明

Tikal 蒂卡爾馬雅文明

有回音！比墨西哥的每個神殿範圍都大！比Palenque（帕倫克）還要森林中央！怎麼形容它的大呢？必須有專業導遊帶你進去，不然你會迷路！而Tour本身就至少花上一整天的時間帶你導覽，而這還不是全部，只是整個區域中的一小塊而已，從一個神殿到另外一個神殿，你要走上十幾二十分鐘！然後我想說的是，當天天氣溫度：攝氏38度。我很認真地想，是因為現在佈滿了樹林，我們還可以在樹陰下乘涼，但是在當時的環境，這是個大城市，怎麼可能有這麼多樹啊？大家到底是用什麼方式生活的呢？還是那時候的環境汙染沒有現在這麼嚴重，所以天氣也沒有像現在這麼的炎熱？默默地走在導遊後面，腦海中都是想著當初人是怎麼生活的。

【Guatemala 瓜地馬拉】到處充斥幫派裝甲樣式的巴士，請把口鼻遮好，它會吐黑煙！

根據我來這裡短短的幾天，從我的觀念寫一下對瓜地馬拉的印象好了。這裡的幣值跟台幣比應該是1：4左右，他們的一塊錢等於台幣4塊錢，不過他們也收美金，所以常常會有買東西要玩匯差遊戲的狀態，但是怎麼買都是他們賺的感覺。

瓜地馬拉市的國際機場，很小！！！～當初看了travelwiki對他的介紹是，機場外面有許多Taxi，不過Taxi通常都是加入幫派的，充滿暴力…etc.也有野雞車，不過他可能會把你載去偏僻的地方搶劫，也有bus，但常常會非常多人，你必須要保護好你的身家財產，這是你的責任，出機場請務必小心，因為推著行李箱會成為搶匪的目標。當我看到這段敘述，我心裡的OS：這到底是什麼地方？怎麼感覺這麼亂？不是我們的邦交國嗎？外國人不是都很nice的嗎？害我在訂旅館時，直接請旅館的人派Taxi直接殺到Antigua，沒有在首都作停留。中美洲的航班大宗為TACA airlines，專門飛往中美洲各國的班機，老實說這是我第一次聽到也第一次坐。但是有一點很麻煩的事，他們沒有從中美洲直接飛往南美洲的航班，幾乎什麼都要先經過美國轉機，才能再飛南美洲，這真的非常非常麻煩，又再次覺得美國老大哥住海邊。而中美洲還有另外一個航空公司叫做Tag，這個航空公司但卻是在不同的航站？害我趕緊從機場趕到另外一個小機場，心中還不停在思考，都已經是這麼小的地方了，怎麼機場還這麼多個？後來才發現說這間航空公司算是私人的航空吧！登機模式也很特別，位子隨你坐，先搶先贏，乘客不到30個，小歸小，仍然有空姐喔！

瓜地馬拉的中美洲巴士都非常地有特色，有特色到我不敢坐，最常見的是紅色的裝甲車，但是也常看到外表畫得跟暴走族的公車，從外面看進去，可以感覺到裡面一定非常擠，大件行李是要丟到公車的上頭，如果緊急煞車，行李說不定可能有飛出去的疑慮。還有一個重點，他們的公車竟然還會吐黑煙，所以每當公車準備要發動時，請你趕快離公車遠一點，因為真的很臭很難聞，有時候突然會覺得好像回到好幾年前的台灣似的。

瓜地馬拉市還有所謂的Metro，我心想：還有捷運耶~那還蠻方便的啊？結果走去一看，耶？此Metro非Metro，算像

Tag Airline

是台北會有公車專用道，價錢也很便宜，只需要Q1=NTD 4，所以裡面非常的擠！！！為什麼我知道？因為我很白癡的跟別人一起坐Metro，還坐錯站…好！這不是重點。

而計程車通常都不會按里程計費的，就隨便喊，你要跟他殺價，除非是你打電話叫車，那種就像是台灣大車隊，比較安全，也不會隨便報價，按表計費（之前不知道被黑多少！）

還有一種交通工具，就是電動三輪車，其實根本就是摩托車改裝吧！短程距離就靠它了，不過這種車也是隨他喊價，接受就走。其實就是老式摩托車的動力，有時候跑到一半還會拋錨…

在這裡，想要跟local tour就別想說多豪華，通常一台廂型車他們一定會把車裝到滿才走，沒錯！是裝到滿。這是什麼概念？連最前面的駕駛和副駕駛位的中間，台灣人通常把它拿來放雜物的區塊，那個位子一定也是有人坐的，有一次連最後面裝行李的位置，沒有「坐」的位子喔！！～也塞了一個人進去，請他暫時蹲坐。如果是一般小客車，後面的座位，他硬生生要我們塞四個人進去，老大啊！！你以為我們都是嬌小的亞洲人嗎？不是啊！還有體型壯碩的老外啊！！～可想而知這趟旅程不好過。

這裡的治安到底好不好？已經聽到無數人跟我說，很危險很危險，印象非常深刻的是我在墨西哥遇到一對在墨西哥長住的日本夫婦，先生到墨西哥培訓員工，所以他們的語言是日文和西班牙文，他們一聽到我之後要去中美洲（薩爾瓦多、宏都拉斯…etc），先生非常嚴肅和震驚地說：「Dangerous! Dangerous! Dangerous!」不是因為很重要才講三次，是因為他真的講了三次！然後很努力地用英文跟我說，你一定要小心！要非常的小心！我的員工到那邊都覺得很危險！雖然我現在仍平安無事，但是可以從一些地方看出來這裡的治安好不好？銀行外面一定會有荷槍實彈的警察這是無庸置疑的，在一些商家前也會有警衛或是警察站崗（有些可能是私人請的），連麥當勞前面都有可能有警察站崗，拿的槍有時候不是手槍，而是步槍，而商店理有鐵柵欄，隔絕顧客和店員，你拿錢給他是穿過鐵欄的縫隙給他的。至於Hotel，好的Hotel不用說，門口外面一定會有警衛和警察或是直接有閘門，比較不好的Hotel勒？當然不會有像透明自動門或是門開開讓大家歡迎，大門一定都是厚實的木門或是鐵門，你必須按電鈴他才會開門的那種，有點像你住到別人家裡的感覺，你是房客，他還是要請你按電鈴你才能進去，或是給你大門鑰匙，同時也請你聽到電鈴聲時不要隨便開門。這裡治安到底好不好？晚上還是少出門吧…

裝甲公車

Lago de Atitlan

Antigua的後山，找了一台三輪車載我上山，結果要回去時司機已經跑掉了，害我用走路的方式下山，走到一半時，後面開來了一台車子，裡面坐滿一家人，爸爸用西班牙文說：「去哪？」我就回說：「城市中心。」好心的爸爸就載我一程回市中心，後來被告知其實我走的那段路很危險，之前聽說有人在那裡被搶劫。。。齁齁齁！啊不就好險！～之後還要去治安更危險的薩爾瓦多和宏都拉斯，怎麼這麼不小心！

【Guatemala 瓜地馬拉】這麼熱的天！你瘋了嗎？

從瓜地馬拉前往薩爾瓦多的邊境路上，警察正在一一盤查公車，把唯一看起來像是外國人的人，也就是我，叫下車檢查，在高溫三十幾度的天氣下，看到我行李裡面竟然有厚重的大衣，警察對我驚呼幾句西班牙文然後做了一個割喉的動作。他殊不知我之後還要去很寒冷的地方啊！～

警察對我做了割喉的動作

【Guatemala 瓜地馬拉】Pacaya火山徒步之不想再爬一次

在Antigua的古城鎮裡，有個著名的景點，就是Pacaya火山，因為此火山攀爬難度不高，而且離Antigua很近，又是附近最活躍的活火山，所以我就報了Local Tour。旅行社的人特別申明說現在看不到岩漿讓我好生失望，但是可以看的到冒煙，可是我不想只看到冒煙啊！我想看到紅色的岩漿噴發啊！像是National Geographic Channel節目所拍攝的那樣！（岔開話題，我個人很喜歡Antigua這個字眼，在西班牙文代表「古老的」，而Antigua剛好是瓜地馬拉的古都，非常符合本身都市的名稱。）

之後在尼加拉瓜的Granada碰到一對情侶，我跟他們說我去爬了火山卻沒看到岩漿很傷心，她說沒關係！前幾年她

也去爬了，領隊跟她說可以看的到岩漿，她非常開心！爬到最後，她問說：「為什麼我沒有看到岩漿？」領隊指著很遠很遠的山頭上說：「你看！這是岩漿！」她一看到後大怒！她秀出她的小指節的對我說：「什麼？你叫這個是岩漿？」

然後大張她的雙臂對我說：「我要看的岩漿是這樣的！」

所以她安慰我說：「所以你即使沒看到了也不會失望，因為岩漿不是你所想像的那樣！」

回到正題，爬火山是必須要有領隊帶隊的，不能隨便自己上去爬，我們這一夥人差不多十位就開始爬山了，在爬火山的時候，我心想，應該不會很難吧？才半天耶？又不是要爬兩三天那種，不困難吧？只帶了一瓶水和小零嘴就上路，沒想到，才上路沒多久，我就深深地覺得我小看了這趟火山行。

瓜地馬拉位於中美洲，屬於熱帶氣候，而我去的時間正值「煙花三月下揚州」，但是卻熱的要死，踩在真正的火山

灰上，真讓我想當場死去，因為踩在火山灰上並不像是爬山這麼腳踏實地，每踩三步就往回滑兩步，加上空氣的悶熱又不時因移動而揚起的灰屑到處飄散，這種環境讓我的身體狀況非常不佳，有幾個外國人平常訓練有素，健步如飛，而步伐又比亞洲人大，馬上飆到最前頭去，在山腳下有一堆人跟你推銷騎馬爬火山，但是我們這個團隊沒有一個人要騎馬，大家都非常有自信自己可以徒步完成！而我之後有小小的後悔，因為爬到一半真想回頭。不過還好我不是唯一一個想死的人，有一位來自加拿大的女生，他說他的家人去年來過，所以她今年也要來試試看，沒想到這麼的辛苦！！她不知道她的家人當初是怎麼完成的？！隔壁的人看不下去，問她要不要慢慢走？她咬緊牙根說：「我不想要離開團體，這樣會造成大家的困擾。」就繼續努力往上爬，這裡的火山，沒有所謂的登山步道，踩的地扎扎實實的是火山灰和火山岩，所以必須要穿好一點的登山鞋，不然很容易磨損毀壞。

中途一直靠著「就下個轉角就到了！下個點就到了！」的意志力爬到中繼站，領隊停下來讓我們休息，從他的背包拿出了一大袋的棉花糖，撿起地上的樹枝把棉花糖插在樹枝上，伸到一個洞裡，沒多久，拿出來的就是熱呼呼的烤棉花糖，大家也躍躍欲試著烤棉花糖，頓時之前的疲累感煙消雲散，好棉花糖，不吃嗎？

心滿意足地吃完棉花糖後，想說這樣就結束了吧？並沒有！我太天真了！還要繼續爬！Gosh! 我超想學著辛普森裡的霸子和麗莎不同的對荷馬喊著：「Are we there yet?」終於的終於，我們走到頂端啦！耶？怎麼不是Pacaya火山的頂端！因為Pacaya是活火山，隨時都有可能噴發的情形，遊客是不准

爬火山的遊客

烤棉花糖！！

隨便攀爬的，只能爬到鄰近的山上遠眺。

算了！因為真的太累了！大家在山頂山休息吃完零嘴後就要下山了，領隊這時說了一句：「你們想快一點還是安全一點？」外國人立即回答說：「快一點的！」結果快一點的路就是。。。沒有路！！這根本沒有路啊！我們大家全部直接穿越樹叢！而腳下全部都是鬆軟的火山灰石，而且地勢傾斜又滑，我在途中就不斷不斷地滑壘，必須一直抓住附近的樹枝支撐自己的身體以免跌倒，由於整隻腳幾乎都陷在火山灰石中，火山灰填滿了我的鞋子和襪子，走起路來非常地不舒服，不時地還要停下來脫鞋襪把石頭倒乾淨，可是沒多久又積滿了，就像是小和尚在秋天掃落葉一樣，永遠清不完啊！Pacaya火山行就在精疲力竭和灰頭土臉的情況下結束了。晚上回到旅館裡，旅館的老闆娘看到我，問我說：「Pacaya怎麼樣？」我回了一句西班牙文：「Cansado!（累！）」老闆娘聽到後哈哈大笑。。。真的累死我了。。。

【El Salvador 薩爾瓦多】罪惡之都，槍砲、彈藥、罪犯

說來汗顏，到薩爾瓦多之前，對於這個國家並不是很了解，只知道這個地方是我們的邦交國所以免簽證，治安很亂又危險，許多人移民到美國去，但卻不知道前因和後果。今天上了一堂薩爾瓦多的近代史，讓我初步的了解這個國家為何發展成現在的狀態。（裡面內容也許摻雜了主觀意見，但也為一種思想。反正是說錯了也不負責任的講法。）

薩爾瓦多是中美洲土地最小，但人口卻是最密集的國家。故事要從1841年成立共和國開始，幾乎都是軍人獨裁主義，少數的人卻占有極大的資源，大多數的人都是活在困苦中，在這期間，有一任總統希望薩爾瓦多能發展經濟體系，將所有的土地都拿來種咖啡，導致全國經濟的命脈都在於咖啡上，這個政策導致到了1929年，全世界的經濟大衰退，沒有人要買咖啡，使得咖啡農活不下去，在1932年因新仇舊恨（新仇：經濟大衰退、共產主義。舊恨：貧富差距大，獨裁主義），農夫和勞工受不了而起來反抗政府，政府發現這還得了？當然站起來趕快「殺殺殺」，把這些反抗份子鎮壓下來，形成的一種新的軍人獨裁體系，但是這種方式卻無法解決問題，革命份子的勢力越來越大，在1980年終於爆發了內戰。

革命軍「馬蒂民族解放陣線」主張武力革命，而政府軍的背後有著強大的老大哥美國撐腰，因為美國認為革命軍的背後必定為古巴的共產主義分子所支持，他們必須殲滅共產主義，所以贊助了龐大的資金提供政府軍對抗革命軍，但當地人認為這就是內戰，跟古巴一點關係都沒有，美國的參與並沒有讓事情變簡單，只會變複雜，並且摧毀了我們自己的國家，此內戰長達了12年，直到1992年才簽定停戰約定，因為雙方發現用武力是無法解決問題的。

在內戰期間，居民除了閃躲子彈和炸彈，軍人會無原因的闖入你的家中搜查，一旦發現可疑的物品都可能惹來殺身之禍，居民為了生存而逃命、為了生存而躲藏，所有的經濟停擺，失業率飆高，課業停滯，人們沒有工作導致無法生存，許多人因為害怕戰爭，逃離自己的國家尋求美國的庇護，不管合法或是非法的。導致這國家的人口竟然有三分之一是在美國的現象，現在走在街上，隨便拉一個人問他的親戚住哪，一定會有一個以上是住在美國，在內戰期間，死亡人數為十萬上下。

由於大量的僑居於美國的人民，也多少導致了之後廢棄自己國家的貨幣體制政策，由於為了穩定幣值和降低通貨膨脹，又與美金的交流量為大宗，毅然決然的在2001年放棄了自己的貨幣，貨幣直接美元化，這讓薩爾瓦多付出了許多的代價，但是人民也認為使用美金相對於使用自己國家貨幣還來的方便和穩定，也漸漸習慣使用美金了。而大量的僑民將美金匯回薩爾瓦多，也支撐了此美金化政策的執行。

在National Palace附近充斥著大量的攤販，這個景象是在各個國家都很難看到的市容，可以想像是在總統府凱達格蘭大道上全部都是攤販的狀態一樣，這間攤販都是內戰期間失去所有財產，他們必須為了生存，只能在街上販賣，這也是為什麼政府准許人民可以在街上販賣物品的原因，內容物通常都是家居物品。

說起來薩爾瓦多人對於美國應該是又愛又恨，他們感謝美國的建設，但卻不喜歡美國對於自己國家的侵略（認為古巴共產主義根本是藉口），但卻在某方面，又必須依賴美國的幫忙。由於長時間的內戰，人民已經厭倦戰爭，希望和平相處，對於政府的看法為雖然不是很喜歡，但是比起武力鬥爭，維持在一種和平的狀態下生活是可以接受的。

身為台灣的邦交國之一，當地居民對於台灣的名聲很了解，印象通常是「會給他們很多錢的國家」，說起來，其實是一個願打一個願挨的狀況，而當地的政府很貪得無厭，仗著佔有聯合國一席之地，不斷跟台灣索取資金，而真正拿來所用的也不得而知了，除了資金，台灣也提供當地學生全額獎學金到台灣念書的優惠，各種利多，也只希望能多個國家承認台灣在國際的地位。

對於治安部分，我引用路上碰到一個外國人對這裡的印象，他說：「當附近都停電的時候，你最好不要到頂樓去抽菸，因為可能有人會覺得好玩，直接對著黑暗中的光火開槍，在他們歡天喜慶的時候，請也不要一起跟他們一起湊熱鬧，因為很多人因為開心，就拿著槍到處開槍，以代表他很快樂。」至於槍枝為什麼這麼的氾濫？第一個是因為之前內戰，第二個是在內戰時許多人逃到美國，在美國組織了許多幫派，最後美國受不了，把這些頭號分子全部送回薩爾瓦多，結果槍枝也就這樣流竄氾濫，在這邊住久的人，可以非常清楚分辨槍聲和鞭炮聲的差異。然後我想說的是，宏都拉斯跟薩爾瓦多的治安是差不多的。

P.S. 1. 薩爾瓦多的貨幣是美元。

2. 美金一元有硬幣版本

national plalace附近的飲料店，超甜！

商店都用鐵柵欄圍起來，只留一個小口收錢。

【Honduras 宏都拉斯】一天穿越三個國家

2013/03/29日誌：

從薩爾瓦多的首都San Salvador搭巴士前往宏都拉斯的Copan，快速的捷徑為穿越過瓜地馬拉再入境宏都拉斯境內，時間會再縮短一小時多，不過在入境Guatemala和入境Honduras的時候，需要各支付2-3美金給海關，這個費用本來應該是不需要支付的，而這費用怎麼來的？就是所謂的海關的零花錢，同行的一位葡萄牙人說：「我在十二年前也來過，也是必須支付這種不合理的費用，我曾經嘗試跟他們抱怨：「你們的人民和國家非常的友善和隨和，現在你卻毀了他們。」結果我和我的包包被丟在邊境等待了一小時多，他們才讓我走，這十二年來，都沒有改變，現在，就付錢吧！~」唉！貪汙的地方全世界到處都有，人為財死，鳥為食亡，但實際上遇到時，還是非常不高興。好不容易到了Copan，之前預約的旅館說客滿了~那當初信件上就不要說可以啊…搞得我和同行的一位美國人兩個拖著行李在小鎮上走來走去，不過老闆娘還是努力的幫我們找了另外一間有空房間的旅館，總算有地方住了。短短一天，穿越了三個國家~

【Honduras 宏都拉斯】二十四小時ATM真方便

抵達宏都拉斯的第一個點並不是首都，而是一個叫Copan的小城鎮，因為馬雅古蹟而有名，為什麼要先抵達這裡呢？因為近啊！然而到達的第一天發生了一件很囧的事情，在搭車過邊境的時候，不希望被邊境的商人騙錢，而打算到達城鎮後再換錢，結果沒想到！我們抵達的時候已經是晚上了，我詢問了旅館哪裡可以提錢，他跟我講了附近幾間ATM，我就照著旅館人員的話開始尋找ATM，在廣場四周我找到了ATM，卻是用鐵門關著的！我和ATM隔著鐵門相望，有種你在我面前，我卻不能說我愛你的感覺，我不死心又去找其他ATM，結果其他ATM都是被裝置在銀行裏面，想當然也是關門的，不然就是用鐵鍊鎖起，我連一瓶可樂都沒有辦法買，一整天沒吃什麼東西，卻竟然也沒辦法買東西吃，小城鎮裡也無法用信用卡刷卡付費，只好很窘迫進到一間商家看能不能用美金買一瓶可樂，看見店家面有難色，只好一直用西文說Por Favor! Por Favor!（拜託！拜託！），店家才勉為其難地賣給我，我的當天晚餐，一瓶可樂。我後來才發現這裡的ATM沒有台灣這麼方便，還有二十四小時提款，而且只要刷卡就可以進自動門，這裡通常是銀行關門，ATM本身也會關門，而且ATM本身外面都會有一位警衛站崗，以防有搶匪偷搶。民眾的自由和方便，都是由制度改善而換來的啊！很珍惜台灣一切便民的服務。

【Honduras 宏都拉斯】Semana Santa 聖周之根本沒有兔子撿彩蛋！

對於主要宗教為佛道相融的台灣而言，復活節的印象，我的腦袋只會冒出了兔子提著籃子在草叢裡撿復活節彩蛋的畫面，然後還是必須上班上課的一個節日，但是對於信奉天主教的中南美洲人而言，所謂的復活節到底意味著什麼呢？

我一直到了宏都拉斯的Copan後，才知道沒幾天後就是復活節了，在那邊分別遇到了三位台灣到中美洲做志工的台灣女生，全部都告誡我，如果想要逃離這個鬼地方，要趕快訂巴士票離開，不然你就會被困在這個小小鎮中，天天跟著馬雅雕刻說話。一開始我還聽不太懂，後來才發現，啊！～他們的國定假日，是連公共交通工具都不營業的，之後的連續三、四天，都會形成空城的狀態。要嘛被困在下一個地方，要嘛就困在這裡，我當然選擇離開囉！

從Copan到Tegucigalpa等待公車的時候，發生了一段小插曲，大家也許不知道，在中、南美洲，時間的觀念是非常模糊的，常常他說幾點發車，延後幾個小時都是有可能的，說八點來接，八點沒來不要急著跳腳，等到八點半還沒來的時候再說，我在Copan等車的時候，跟我們一起等車的有一個去紐約教西班牙文的黑人女生，還有一位美國壯漢，是她的學生。因為我們一群人都等了超過一小時了車子卻遲遲不來，女生不耐煩的詢問說車何時會來？回覆都是再等等，後來又來了一班車，大家原本要蜂擁而上的時候，發現上面已經坐滿了人，下來吃中餐，然後女生很好心的幫我們翻譯說：「不是這一班。我不在乎這一班車去哪，因為不是我們要坐的。」果然這些人吃完中餐後，又回到原來的車上開走了，然後又等了好久，我們等的車子才緩緩地駛進，我們已經等了兩三個小時以上有了，因為我的車還要在San Pedro Sula轉站，當天下著滂沱大雨，我們的行李就全部被拖出來放在公車站，也不清楚下一班何時會發車？黑人女生去的地方跟我不同，她特別走過來問我說：「你要去哪裡？」我說：「Tegucigalpa」她說：「我剛剛好像有聽見要去Tegucigalpa的車，你趕快去確認一下。」我回說：「我以為至少會有個人跟我們講一下該在哪裡坐車才對？」她回說：「你要知道，這裡的人，他們才不會管你哩！Go ask!」

好不容易抵達首都德古斯加巴後，是的，我很完美地卡在德古斯加巴無法離開，那就只好看看當地有什麼活動吧。。。好歹是首都耶！應該有什麼東西吧？由於不會坐當地的公車，只好都以計程車代步，麻煩的是啊。。這裡的計程車都不跳表的，每次都必須跟他喊價，用西班牙文喊價真的是一件很累人的事情，所以真的學好當地語言的數字是很重要的！因為你要非常了解他有沒有坑你！Anyway，我抵達了首都的市中心，說實話，他們的市中心其實就是中間一個廣場，隔壁一棟大教堂，然後周遭許多商場和連鎖餐廳，對了！對了！這裡竟然有Popeyes（美國連鎖炸雞速食店）！台灣都沒有，真是不公平啊！由於我住的旅館竟然沒有網路，只好到市中心的Burger King上網打發時

直接鋪上紙模板再上顏料粉

用粉筆先畫好輪廓再上色

間，而這些美國連鎖餐廳是少數假日還會營業的地方，一眼望出去還可以看到廣場，真是最佳的場所了，我無聊著在跟智利朋友在FB上聊天，我問他說：「通常天主教復活節都有什麼節慶啊？我在這裡好無聊啊！」他就回說：「欸？我查到你所在的地方市中心應該是有盛大的慶典啊？妳要不要去看看啊？」我看了看窗外的景色，就憤怒的說：「我就坐在他們市中心的廣場隔壁的Burger King裡面，我眼前只看到外面攤販在賣襪子和盜版光碟，根本沒看到什麼慶典啊！」他回說：「什麼？！他們有Burger King！？中美洲這麼貧窮竟然有Burger King？」唉喔！！請不要劃錯重點啦！！！拉回重點，他跟我說附近有慶典要我找找，我閒得發慌，就出去附近繞繞，尋找所謂的「慶典」。

耶？好像還真有什麼東西，我看到附近有警力在站崗，路邊堆著一袋一袋的像沙包的東西，到底在幹

不斷地灑水固定地畫

成堆成堆的顏料袋

圖案都是教宗或是耶穌、瑪麗亞等等的人物

較年長的為紫色頭套

年輕人穿黑衣

嘛哩？走近一看，一堆人跪在地上塗塗灑灑不同顏色的屑屑。沿著馬路一直走，地畫延綿了整條街，觀察了很久，作畫方式大致分為兩種，一種是在地上先用粉筆畫好輪廓，再鋪上顏料，另外一種是先用紙做好模板，鋪在地上，把顏料粉撒入空缺中。

就看到他們在大太陽下跪著一直鋪一直鋪，最後就變成一幅幅的地畫，在鋪的過程中，還必須不斷的灑水，才能固定畫作，不然在這種大太陽下，風再一吹，什麼東西都是浮雲的啦！直接變成Color Run活動了。

終於鋪得差不多了啊！~大家開始清理場面，我發現附近的教堂有些動靜，就跟著一起去湊熱鬧，看到許多身穿黑衣服的教士（年紀較輕）在裡面準備要抬著有耶穌基督的祭祀壇，而穿紫衣服的教士（年紀較長）則在外面列隊等候，我不是很了解宗教的禮儀，這些紫衣服的長者都還必須穿戴頭套，害我第一個聯想到的就是三K黨。。

不知道從什麼時候開始四周冒出這麼多的人潮，應該整個城

遊行會踩在大家剛鋪好的地畫上

小朋友裝了超大袋

市的人都跑到這裡來了吧？結果花這麼久的時間鋪的地畫，竟然是給抬祭祀壇的教士踩踏用的！！啊！～～怎麼這麼浪費啊？～不過，這就是信仰的力量吧！

在這龐大又冗長的隊伍經過後，看到不管大人小孩瘋狂地把地上的屑屑撿到袋子裡，啊！～～（小朋友，做人不要太貪心，用塑膠袋裝這麼多）我猜想這應該是有加持過的意思吧？有祈福的作用。而這盛大的慶典也在大家搶奪屑屑中告一個段落。

P.S.這種地畫的慶典其實在中南美洲很多地方都有，最著名的是在瓜地馬拉的安地瓜市，整個城鎮的街道都會鋪上這種地畫，所以在復活節的前幾個禮拜，就開始進行車輛進出城鎮的交通管制，如果想要去安地瓜看復活節慶典，你必須要老早之前就要訂好旅館，而且必須訂上兩個禮拜以上卡位，因為在節慶那個禮拜，車子是根本無法進入到城鎮的，你必須要用走的進去，而城鎮裡面的旅館也早早就被訂滿了，所以早進去卡位有保障啊！～（在Antigua的旅館，跟我住在同個旅館的人在一個月前就住進來卡位。）

【Hoduras 宏都拉斯】非觀光地區的困擾

前往首都Tegucigalpa德古斯加巴前，也許是剛好碰到節慶的連假，但本身這個地方就不是個觀光地區，旅館相對也比較少，我認真的在各個青年旅館和飯店網路上搜尋，竟然連一間都搜尋不到，一。間。都。不。剩！好不容易在booking.com看到了一間，結果沒想到卻看到評價寫說：請大家不要訂這間旅館，這間旅館根本不存在！我看到後傻了，真糟！我抵達目的地時已經是晚上了，我哪來的時間再來找旅社呢？我一定要在抵達之前找到才行，好不容易發現我所搭乘的巴士公司，本身竟然有經營旅館，我毫不猶豫就先下訂了，但是問了才發現這間旅館竟然沒有無線網路，連有線網路都沒有，我的天啊！這要我這個宅女怎麼活啊？不過總有個地方能住，只好勉為其難的住進去了，結果這間旅館說不出的詭異，好像除了我之外，沒有其他的住客了，常常整棟旅館都是空空蕩蕩的，待在房間裡面都會覺得害怕，晚上的時候，還突然停電，拜託！沒有網路就算了，你還給我沒電，我下樓跟櫃台詢問電何時會來？他們只會說西班牙文，感覺就是說：不用擔心！等一下就會好了。我也無可奈何地走回房間，從門口望出去，四周一片漆黑，這時候出去，不是開玩笑，應該會被馬上打劫吧！

不要說晚上，白天碰到這樣的街景，我會有點怕耶。。。都沒人，一出門還馬上碰到流浪漢跟我討食物

而困擾的地方不只一項，之前不喜歡觀光客太多，到處都是人的感覺，但是到了觀光業不發達的地方，又剛好是淡季的時候，會希望觀光客能不能多一點啊？

原因一：有時候感覺整間旅館只有我一個人在住，網路上訂Dorm的狀況，有可能會一個人住在一間四張床，有衛浴設備和電視的房間（只花Dorm的錢喔～）。

原因二：整個Mini Van只有我一個人在車上。

原因三：所有的Tour都不能參加，因為我只有一個人，他們的限制是最少兩個人，想詢問其他Tour有沒有人已經參加然後我可以加入的，得到的答案是：「Sorry，我們有的是行程，但是沒有人。」這個淡季也太淡了吧！！！～～（仰天長嘯）

【Hondulas 宏都拉斯】我的身分

在中美洲的西班牙文的世界裡，我的身分很多，Chino/China（中國人），Japón/Japonesa（日本／日本人），但是也常常聽到Chinito，上網查了查，類似「小中國」的意思。為什麼日本人就只叫日本人，但是中國人會多出一個「小中國」的字眼呢？……有人說這是親密的叫法，可是我跟路人素不相識，怎麼可能一開始就用親密的叫法呢？

P.S.但是不管再怎麼叫，都不會叫Taiwanesa（台灣人）

【Costa Rica 哥斯大黎加】中南美洲最長的溜索！為什麼我看不到盡頭？

　　好不容易終於等到聖周長假結束，交通工具開始營業後，馬上坐上第一班巴士往南走，途中還碰到一個小插曲，當時我請司機載我去坐King Quality bus搭乘巴士，結果我不知道司機大哥是不是聽不懂我的破爛西班牙文，竟然把我在到Kings Quality Hotel，搞屁啊！我要去搭巴士啊！不是住旅館！結果這個五星級的旅館的人員會講英文，特別還幫我翻譯，誤打誤撞地把我載到另外一家巴士站，Tica bus，竟然還給我搶到最後一張車票！馬上發車走人！司機大哥還很不高興說他幫我多載了一段路，錢不應該只有這些，我跟他說！大哥！我身上只剩下這些了，不好意思！給了他錢就下車了。

　　哥斯大黎加有一個很有趣的活動，叫做Canopy（空中溜索），號稱南美第一長溜索，長達1590公尺，二話不說，一定要來試試看啊！全身全副武裝戴好了頭盔，一開始教練先示範一下怎麼剎車，如果卡在半空中要怎麼辦？…等等知識，然後先讓我小試身手，滑了幾個比較短的距離，我的手可以抓著線滑，會比較有安全感，最後一站，帶我走到定點後，問我說：「你準備好了嗎？」我說：「這是最長的一個嗎？」他說：「對！而且你手要放開喔！我們要換滑索位置，你就會像Superman一樣滑出去喔！」哇！～手不能抓繩子，還是最長的，他說著說著就把扣鎖從胸前換到後腰上，我整個人就跟地面平行的吊在繩索上面，那個…有點可怕耶！沒有辦法掌握自己的身體，他又說：「記住喔！手要打開伸直，像Superman一樣喔！」我的緊張感未消，然後看著前方，大聲地說：「等等！為什麼我看不到線的盡頭啊！？」他拉著我的扣鎖，用力的一推，說：「Don't worry, you will be fine, bye bye!」欸欸欸！？啊！～～～我的身體就子彈一樣噴射出去，我的第一次，就這樣去了…，很刺激啊！征服了南美最長的溜索！呦呼！～

我在空中的英姿竟然沒照片，殘念！

【Costa Rica 哥斯大黎加】大便事情天天都會發生

2013/04/09日誌：

今天真的有不爽到，前一天跟旅館定了Shuttle到San Jose，這個價錢對於我真的覺得蠻貴的，47美金，說是Door to Door Service，想說就這樣吧…今天早上八點二十分就在旅館前等，把單據拿給旅館人員看時，看她臉色一沉，就知道大事不妙了，她看了一下，詢問另外一位開立單子的人，兩個人開始拼命的打電話聯繫…，叫我等一下，結果最後的狀況是，我有兩個選擇：1.現在他們叫計程車載我去一個點，有另外一台車在那邊等，路程三十分鐘以上。2.等到下午，說有另外的Shuttle。我心想…我現在都打包好了，當然選第一個，我再次跟他們確認計程車錢我不需要額外付後就出發了，看著計程車的價錢一直跳到折合美金40幾塊時，終於停下來了…換成另外一台私家車，裡面已經坐了兩位女生，結果開著開著，開到了San Jose的機場，兩位女生就下車了，我就想說應該等一下載我去旅館吧？結果司機問我說去哪？我就把票根拿給他，結果就看司機打電話，把電話拿給我，就聽到對方說：不好意思，我們公司的服務只載到機場，你住的地方離機場太遠了，我們現在只能把妳載到機場附近的公車站，你坐公車到市區，你到那邊後看你想去哪裡都可以。靠腰…不是Door to Door嗎？結果我又要花額外的費用坐車，把我丟包在公車站，好不容易到市區後，不知道怎麼坐車到旅館，只好叫計程車，雖然錢沒有很多，就覺得對這間旅館很不爽……如果這個生意你做不了，為什麼還要接？？？Fxxk

【Costa Rica 哥斯大黎加】你有生吃螞蟻的經驗嗎？我有！

2013/04/13 日誌：

自從在哥斯大黎加生吃過活螞蟻後，我發現我已經昇華到另外一種層次了，頭腦也變聰明，考試都考一百分！~在森林中如果迷路找不到東西吃，真的可以食用這種螞蟻，一位女生死也不吃，他說：「你平常走在路上，你看到螞蟻，你會吃牠嗎？你不會啊！什麼情況下你會在森林裡面迷路啊？所以我不吃，為什麼要吃牠？」

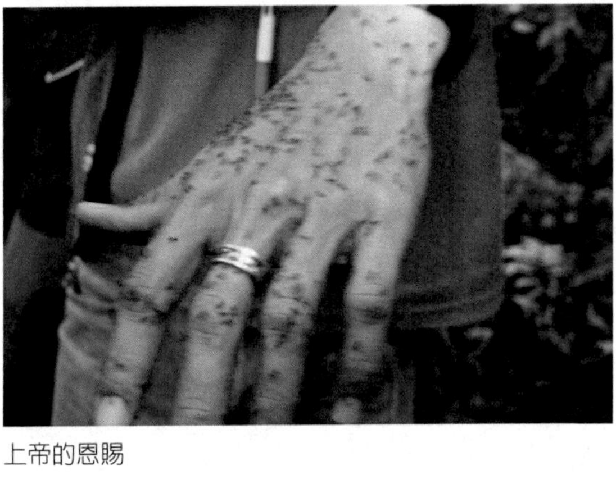

上帝的恩賜

【Costa Rica 哥斯大黎加】美國老大哥的勢力

在中南美洲旅行後，深深的體會到美國老大哥在中南美洲的勢力是如何的強大，這種體會並不是出現在高中歷史課本中所寫到的「門羅宣言」、「巨棒外交」、「金元外交」這麼的抽象又遙不可及，這種深刻的體會是出現在到處林立的麥當勞、Pizza Hut、漢堡王…etc和美元貨幣的暢通度中可以發現。

在中美洲國家，最常看到的速食餐廳就是Burger King（漢堡王），還有當地的Pollo Campero，連我南美洲的朋友都很吃驚的問，中美洲這麼貧窮的地方，有Burger King？我跟他說，有！而且很多！多到我覺得這裡是美國，只是講西班牙文而已，可以想見美國連鎖店和商品已經深植在中美洲國家的每個角落，連台灣都沒有的Wendy's（溫蒂漢堡，我知道之前曾經有過，後來失敗退出台灣市場）、Pop Eyes、PapaJohn's在中美洲是可以找到的。

在貨幣上面，最讓我吃驚的是幾乎所有中南美洲國家，都進行雙軌貨幣制度，市場可以同時使用美元和自己國家貨幣，有的國家更甚至直接放棄了自己國家的貨幣而使用美元當作自己國家的貨幣。據我了解，在中南美洲全面使用美元的國家有薩爾瓦多（El Salvador）、巴拿馬（Panama）、厄瓜多

（Ecuador），對我而言，一個國家放棄自己的貨幣是一件很不可思議的事情，所以我對於此原因感到非常有興趣，上網查了查資訊，放棄貨幣的最大原因有二：

1. 降低通貨膨脹風險：許多中南美洲的通貨膨脹程度高到無法控制，人民對於貨幣喪失信心，導致貨幣不斷貶值，為了要穩定通膨，只好尋求相對穩定許多的美元當作貨幣。

2. 降低匯率風險：由於貨幣的不穩定，會造成貿易的成本升高，所以使用穩定的匯率也可以促進貿易。

但是在美元化的推動下，相對的一定有許多缺點：

1. 喪失自我的貨幣制度：當經濟衰退時，政府無法採行寬鬆貨幣政策（指一國貨幣當局通過大量印鈔，購買國債或企業債券等方式，向市場注入超額資金，旨在降低市場利率，刺激經濟增長。）

2. 出口競爭力受衝擊：由於使用強勢美元為貨幣，本身國家的貨幣一直被高估的狀況下，導致貨物出口受到衝擊，導致競爭力降低。

3. 失去一筆中央銀行的鑄幣稅（Seigniorage）：美元化的國家，由於其貨幣的發行，需要等值的外匯存底作後盾，因此其鑄幣所得被取得外匯存底的成本所抵銷，而喪失鑄幣稅。

雖然歐盟現在也使用歐元取代自己國家的貨幣，但是情況卻是大不同，光是歐元本身並不是某一個國家的貨幣，而是整個歐盟同意而製造的新貨幣，歐盟國家各個的經濟狀況也比較相近，沒有貧富差距太大的情形，大家是站在平行的位置上，同時也花了相當多的時間評估各個國家經濟體制。（雖然現在仍然發生很大的危機，像是希臘…etc）

而美元化卻是使用美國的貨幣當作自己國家的貨幣，情況又不同了，而且和美國的經濟狀況是大大的不同，所以自己國家和美國之間其實並不是平行的，感覺像是被美國控制自己國家的經濟命脈。所以許多中南美洲國家對於美國是又愛又恨，他們強烈依賴美國卻很討厭美國隨意干預他們的國家政務，可是對此狀況又沒有更好的解決辦法，只好維持目前的現況。

資料來源：〈巴西　啊根廷告別美元結算貿易〉

作者：梁國源　顏承暉　國際商情雙周刊第257期（2008/12/17）

http://www.trademag.org.tw/

P.S.現在台灣已經開放人民幣進入，在不久的將來，台灣使用雙軌貨幣或是使用人民幣成為台灣貨幣，也是有可能的。

【Costa Rica 哥斯大黎加】郵局是我的好朋友

每到一個國家，我第一個要找的是郵局，因為我有寄明信片給自己的習慣，寄明信片看似很簡單，我一開始也這樣認為，只要有三個東西就可以達成：第一、有明信片。第二、有郵票。第三、有郵筒或是郵局寄送。這不是很簡單嘛？賣明信片的地方一定有賣郵票，而附近一定會有郵筒嘛！～

這些想法一到中美洲整個被一一擊碎，光是要找到明信片就已經不容易的，而好不容易買到了明信片，賣明信片的地方絕對不會賣郵票，因為對他們而言，郵票就只能在郵局買，其他地方都買不到，所以一定要前往當地的郵局，郵局好找嘛？要我說，還真不好找耶！尤其是大城市，如果是觀光地區在小鄉鎮，徒步還有機會可以找到郵局，但是如果是比較大的城市，要找到郵局真的比登天還難，常常用google也找不到，好不容易買到明信片、買到郵票，卻找不到郵筒，所以必須又要花時間去郵局寄。光是要達成這些任務，就花了不少的時間，印象很深刻，我在中美洲的時候，因為找不到郵局、買不到郵票，累積了三十幾張明信片，跨了三個國家，千辛萬苦找到郵局卻因為節慶郵局關門，那時候真的不甘心硬是走到隔壁商家詢問郵局是不是真的關門了？會不會有奇蹟下午會開門？不過看到商家直說：Cerrado（關門）只好又默默的把明信片收起來前往下一個國家，最後終於在Nicaragua發現一間郵局，然後將我三十幾張明信片一一投遞，沒想到。。。郵局阿姨拿出來的郵票超多張的啦！我心想有沒有面額大一點的郵票，結果搖頭說沒有，這樣我一張明信片要貼「六張」郵票耶！都讓給你玩就好了啊！我這樣哪寫得了字啊！阿姨還很好心的說：啊！把價錢露出來就好！還是可以寄喔！所以我就一個人站在郵局裡面非常努力貼了三十幾張明信片，每張明信片要貼六張郵票，總共貼了近200張郵票，我花了半小時以上的時間在這間小小郵局裡，郵局本身又沒有冷氣，汗流浹背地在做家庭美工。中間還碰到一件趣事，在尋找郵票去哪買的過程中，我用台灣人的心態想說：「應該文具店之類的有可能會販賣啊？」，走到了文具店，跟店員說：「Comprar Sello！（買郵票！）」店員想了一想，拿了一本目錄給我，翻開一看，裡面全部都是橡皮圖章的樣式，我才發現，啊！不是啦！sello可以是郵票的意思，同時也可以代表印章的意思！趕快跟他講說我是要貼在明信片上的，他們才說沒有，要去郵局買！後來就學乖了，把握每一次遇到郵局的機會，先進去把郵票預先買好，這樣就不用每次都要花時間找郵局，在哥倫比亞，因為我真的找不到明信片，也找不到郵局，更買不到郵票，是這次去的國家中唯一沒有寄明信片的地方，而下一站厄瓜多是我花最多錢在買郵票上面，寄一張國際明信片，要花三塊美金，折合台幣90塊以上，比起美國和歐洲都貴多很多！收到明信片的人，真的要懷感恩的心啊！出去玩的人真的花了非常多的心思在這小小一張卡片上。

我貼了半小時以上的郵票

南美洲：第二站

South America

【Colombia 哥倫比亞】毒梟、毒梟、大毒梟，真的這麼可怕嗎？

在還沒抵達哥倫比亞前，對哥倫比亞的印象就只有毒梟、毒梟、大毒梟。從哥斯大黎加坐飛機到哥倫比亞，必須先在美國轉機，在轉機時，美國海關因為我的目的地是哥倫比亞而質詢了我一大堆的問題，還因此針對我特別進行了毒品檢查測試（不要問我為什麼知道，因為他特別拿特殊的試紙在我手上和包包都用力地刮過一遍）。除了毒品，除了當地旅館的警告，途中又碰到當地人再警告一次，那就是盡量不要在公共場合中使用智慧型手機，除非四周有警察的狀況才可以使用，預防搶劫。這……這……好為難啊……警察又不是隨便就找的到……好~~這不是重點。

之前也不知道哪根神經不對，看到Lonely Planet上寫道哥倫比亞的麥德林（Medellin）有一個運動很出名，叫做滑翔傘（Paragliding），我就心想一定要去那裏跳滑翔傘！所以到達哥倫比亞的時候，就一心一意要去玩滑翔傘，從波哥大到麥德林坐巴士需要花費八到九個小時，當地人發音都發「美得金」的音，而不是麥德林。

當在坐車時發生一個小插曲，更讓我覺得說，任何事情都有可能發生，你是無法預防的，由於路途中都是山路，所以我們一車人就不斷在山間盤旋，突然在山林中，一位男乘客大喊叫司機停車，我心想，這裡前不著村後不著店，到底發生了什麼事情？（不懂西班牙文就是有這壞處）司機停車後，就看著幾個乘客跑了下去，連同司機也跑下去，車上沒有人說話，我心想，我到底要下車還是不下車，最後還是選擇留在原地，因為下去也不知道能做什麼，又過沒多久，乘客回來了，結果對我揮了揮手把我叫下去，帶我到放置行李箱的車廂前，指著我的行李箱，對著我說：「這是你的行李箱嗎？（猜測）」我看了看我的行李箱，點頭說這是我的，他就叫我上去了，沒多久車子發動了，我心想應該沒事了吧？結果沒多久司機又停車了。。。我心想。。到底是怎樣啊！！？？司機拿了工具下車，突然一陣敲敲打打，沒多久後司機才又發動車子，我自行腦補後，還原現場，由於巴士的行李廂門壞掉了，在半途中，車廂門打開了，結果我們所有的行李都「飆」出去，乘客發現行李全部飛出去啦！！！趕快叫司機停車，下車跑去撿行李，大家都把行李撿回來後，叫所有

這台Rapido Ochoa巴士就是我所搭乘然後行李箱門壞掉的巴士

乘客下去指認是不是每個人的行李都撿回來了？然後司機之後不放心，又停車跑去修車廂門，結果原本八、九個小時的車程，硬生生拖到十二小時啦！不過最後還是平安地抵達目的地。

抵達目的地後，我開始想說，唉啊～～我只知道Medellin有這個運動，但是。。。怎麼去呢？我寫信給滑翔傘公司，查了查住址，貌似在山中，結果得到回信說：他們沒有交通工具，要我自己自行前往，可以搭乘計程車。哇！～～計程車。。。也太貴了吧？詢問了櫃檯終於發現在市區的客運中心有公車發往後山，也是滑翔傘的地點，但是還是有個問題，我不知道在哪一站下車啊！！～～又應該說。。。這裡根本沒有所謂的站牌啊！～～但是我也不知道吃了什麼熊心豹子膽，直接跳上公車，然後跟司機講說Parapente（滑翔傘的西班牙文），我還比了比動作，想說司機應該知道我要去哪裡，然後自以為會幫我停車靠站，就不安心的上路了！沿途從市區變成郊區，從郊區變成了山區，已經開了一個小時左右了，司機還沒有停車的意願，我心裡盤算著要再去跟司機提醒一下，說時遲那時快！突然！所有在車上的乘客，大家不約而同地叫司機停車，我嚇了一大跳，想說發生什麼事情了？怎麼全部的人叫司機停車？又發生什麼事情了嗎？（說實在我當時蠻驚恐的，語言不通、又在山區，說實在目的地去哪也不知道！哈哈！）司機停車後，車門打開了。。。下一幕，我印象非常的深刻，所有在巴士上的乘客，此起彼落對著我說：Parapente! Parapente! Aqui!（滑翔傘！滑翔傘！這裡！），還帶著動作做著滑翔傘的姿勢，我愣了一下，才拿起我的包包走下車，不斷地跟他們道謝，我真心覺得哥倫比亞的人民實在是太有趣了，他們知道我不會說西班牙文，聽到我要去跳滑翔傘，都不明說，但都暗自幫我注意。頓時覺得有時候一個人旅行，自己感覺很孤獨，但事實上你並不孤單，你會發現四周都會有人幫你一把。

全部人都在幫我注意，真的是超感動的！

降落傘！~

【Colombia 哥倫比亞】辦簽證的小插曲

故事是發生在我去駐哥倫比亞的智利大使館嘗試申辦智利簽證時候，一大清早，我就坐計程車抵達智利大使館碰碰運氣，就看到一排長長的人龍，我想我來對時間了，就默默地排在隊伍的最後面。

隔了沒多久，我漸漸覺得哪裡不對勁，看到前面幾位手上都拿著一個號碼牌？我只好鼓起勇氣跟前面排隊的人詢問這個號碼牌是幹什麼用的？（破爛西班牙文），結果她一回頭，講了一堆西班牙文，我兩隻眼睛看著她發楞，她發現我聽不太懂西班牙文，就跟前面排隊的人不知道講了什麼？大家隊也不排了，變成了一群人圍過來的狀態。

大家很集思廣益的想讓我知道整個流程，突然一位小姐像發現新大陸的樣子很開心並努力的用英文對我說：「Do。。

You。。Speak。。English?」我一聽到超開心的！拼命的點頭說：
「Yes!!!!!!!!~~~~~」

在我開心之餘，心想終於有人可以幫我解答所有的事情了，卻看到這位小姐嘆了好大口氣，很惋惜並慢慢地用英文說了：「Sorry! I Don't Speak English! 」然後他們互相看了看，全部都很無奈的搖了搖頭。

啊啊啊啊啊啊！！！！！這是哪招啦！！！！？？？？嚇不倒我的！！！當下我真的愣了一下，覺得好想笑可是卻又很無言！！不過他們真的很努力地想幫忙我解決我的問題，很感謝這些在排隊的人。

【Colombia 哥倫比亞】波哥大辦理智利簽證

因為我的南美洲行程是哥倫比亞—厄瓜多—祕魯—智利—阿根廷—巴西出去已經聽聞智利、阿根廷和巴西是最難辦簽證的ABC三個國家（Agenctina/Brzail/Chile），所以一到南美洲就想先去試試看。

智利大使館在波哥大（Bogota）的地址：

Calle 100 Nro 11B-44 Apartado Aereo 90061, Bogota.

一開始我照著谷歌大神所指的地點前往，後來發現根本不在谷歌大神所指的那個點（Shaio estacion附近），所以不要相信谷歌大神！地址是正確的，但是谷歌大神指錯地方了，導致最後我還是坐了計程車前往正確的大使館位置。（正確的大使館位置應該在Calle 100 estacion附近）

到那邊的時候看到一群人龍，我就默默的排在他們後面，結果排到一半看到前面的人手上都拿著號碼牌，心中一沉，問了一下這是什麼東西？依稀拼湊的結果是：要申請Tourist VISA的人，從禮拜一到禮拜四，每天只有50個名額，之後的不受理，所以你必須很早很早到大使館，大約早上六點或七點，領取號碼牌，你才可以申請簽證，我沒有號碼牌，沒有簽證，可是我還是想碰碰運氣，看能不能通融一下，排了兩小時好不容易進去大使館，結果還是被大使館駁回了，叫我禮拜一再來（我是禮拜四前往），我又幫忙詢問如果我辦理簽證，多久可以領取簽證？回答竟然是一個月，我聽到都傻了！還叫我如果要辦理簽證，請帶一位會說英文和西班牙文的人來，因為他們不說英文⋯

失敗簽證結論：

排隊的人很熱心，沒有人會說英文但是都很樂意幫助我，很努力跟我講解，還幫我叫住大使館的人看能不能幫忙，只是大使館的人真的很硬⋯

P.S. 阿根廷在哥倫比亞的大使館位置：（之前在網路上找的地址是錯的）

Embajada Argentino

Kra 12 No-97-80, bogota

tel：2880900 ext 4122

辦理時間：8am to 1pm，禮拜一到禮拜五

如果要辦理簽證，必須先寫信給大使館的人預約

visas@consuladoargentinobogota.com

【Colombia 哥倫比亞】誤打誤撞直接坐計程車穿越邊境

2013/04/19日誌：

今天是很漫長的一天，早上從哥倫比亞的Pasto一路南下搭車到哥倫比亞邊境小鎮Ipiales，要過邊界到厄瓜多，在Ipiales的車站，就有警察叫住我，問我是不是要去厄瓜多，我說是，他就帶我到一台計程車前，要我坐進去，我看裡面已經有三個人了，想說應該共乘吧？～就坐進去了，計程車開著開著，我看到welcome Colombia，想說：喔～～應該到了，要把我們放下來了吧？沒想到計程車繼續開著，其他乘客也沒說話，結果又看到Welcome Ecuador招牌，我們竟然就這樣過Border了？？到了Ecuador的境內，司機才把我們放下來，我心想：哇勒！我這樣還需要走回去Colombia Immigration蓋章，然後再回到這裡入境…蠻蠢的，走到Colombia的Border還跟他解釋我要出境，不是入境，完畢後，再走回Ecuador Immigration，海關小姐看了看我的護照，一直講China，然後卻又喃喃自語說怎麼是綠色的？是Korea嗎？（韓國的護照也是綠色的），結果緩慢的說：「You Need VISA」我一聽到，趕快說：Taiwanesa，No need VISA，隔壁的人才走過來指著護照封面的Taiwan字眼跟海關小姐說：Ah! Taiwan! 海關才對我說：Welcome!

心中的O.S.：不是我在說，現在越來越覺得身分很重要…（Ecuador的西班牙文代表著「赤道」，而Ecuador本身國家剛好被赤道橫貫穿越，因而得名。）

【Ecuador 厄瓜多】慘痛的代價

2013/04/20日誌：

今天錢包被偷了，在厄瓜多首都基多的公車上面被偷的，之前才有人提醒我要小心扒手，卻還是發生了悲劇，由於今天下大雨，我把我的背包還套了防雨套，結果公車上面人超擁擠，小偷是從側邊劃開防雨套再拉下拉鍊拿走我的錢包，我卻沒有發覺，真的是超自責的，等到我回旅館時才發現，在房間裡面咆哮，我想其他房客應該嚇到了吧…冷靜下來後，我跟旅館老闆詢問哪裡有警察局，我想要報案，出去找尋警局的路上碰到一台警車，就直接跟警察說明我被偷的經過，結果警察問我身上有沒有錢？然後默默地幫忙我把我載回旅館…在還沒被偷錢包之前，我真的覺得Ecuador是一個很漂亮又有趣的國家，沒想到竟然發生這種慘事，只怪我太不小心了…但萬幸的是，我身上還有現金，一張金融卡和護照。旅行才兩個月…現在真的很自責…裡面大概有600美金和三張卡，三張卡已經全報掛失。

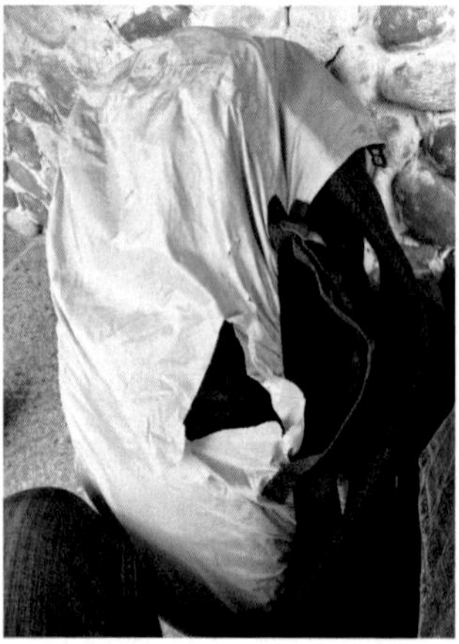

被劃破的防雨套，慘痛的代價

【Ecuador 厄瓜多】Amazon River 亞馬遜流域大進擊

上一次前往祕魯的時候就已經對亞馬遜河流域非常的嚮往，由於時間不夠所以作罷，這次來不可以再錯過，將此行程排在我的計畫中。說起亞馬遜流域，大家第一個一定會想到巴西，但其實亞馬遜流域很廣，範圍包含了巴西、哥倫比亞、祕魯、厄瓜多以及玻利維亞這幾個國家。但主要的還是在巴西境內。

原本預定是在秘魯的時候前往伊基托斯（Iquitos）到亞馬遜流域，但後來發現1.前往Iquitos一定要搭飛機，而厄瓜多的亞馬遜流域Lago Agrio搭巴士從Quito八小時即可抵達。2.在Iquitos參加Amazon Tour至少每天美金100元起跳，而在Lago Agrio 參加只需每天60美金。3.又因為我的錢包在厄瓜多首都基多（Quito）被偷了，導致我對於金錢的使用更謹慎了。所以我改變了主意，去祕魯Iquitos的計畫變成前往厄瓜多境內的亞馬遜流域Lago Agrio。旅行社的規畫可以是四天三夜，或是五天四夜，或者更久，完全是客製化的行程，後來才發現，因為每天行程其實差不多啊~~難怪可以隨便你幾天都行。

從市區搭車到河邊花一小時左右，因為亞馬遜流域是當地的自然保護區，所有旅客都必須要登記姓名和護照號碼，登記完畢後，就要搭小船前往之後四天的住所，一開始我想說只是找附近居住點隨便住吧？結果小船一直開一直開，兩旁延綿不絕的叢林，不同品種的鳥類讓我眼花撩亂，我真正深深地覺得，這才是真正的雨林啊！！！之前看到這種景色都是出現在恐怖電影中，一群生物學家、考古學家或是探險家深入這種地方，然後被超大鱷魚、蟒蛇、食人魚咬死。我現在就身在這種地方，也搭著小小船前進。船開到我快睡著才漸漸抵達我們的旅館，看了看手錶，竟然已經過了兩小時！～說旅館可能不對，因為他就是架在亞馬遜溼地上的茅草高腳屋，著著實實的住在亞馬遜流域裡面。我們這個小小團隊裡，一位挪威女生、一對丹麥情侶、兩位法國男生、一位德國女士以及一位英國男士，這儼然就是一群歐洲盟軍，

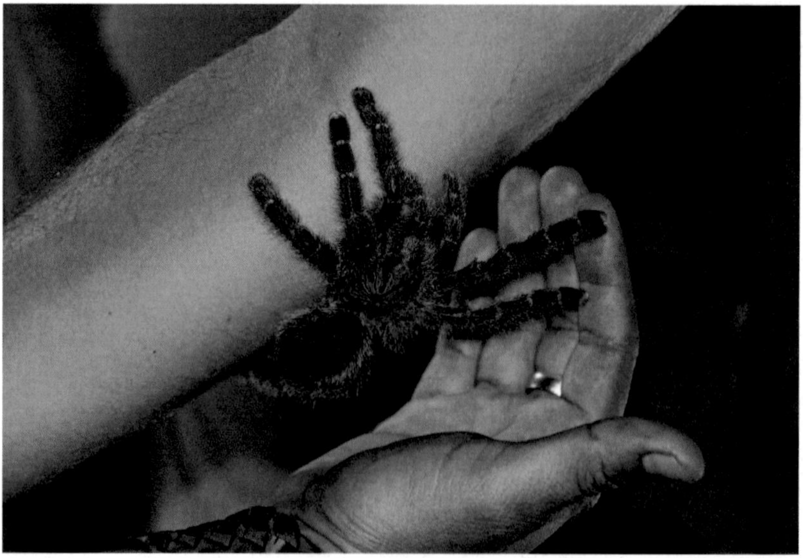

狼蛛

當然，前提必須先排除我。

在亞馬遜裡的小屋，房間內沒有電燈、沒有wifi，但是有沖水馬桶！！喔喔喔！科技始終來自於人性！而且常常會有許多大昆蟲和奇怪的生物來陪你作伴。在這裡，我學到了一個英文單字，Tarantula（捕鳥蛛），說實在，平常根本不會用到這個單字，但是這個單字在雨林中不斷的出現，因為它會出現在房間裡，柱子上。。。或是任何地方。

這間Lounge算是不錯的，中間的休息大廳有許多的吊床，更重要的！它有電源！有電！就像是黑暗中看到了光！所以大家在自由活動時，通常會到中央大廳躺在吊床上聊天休息，讓自己的電話在隔壁充電，但不好意思，沒有網路。

大家聚在這裡看書打屁

叢林度假小屋一角

【Ecuador 厄瓜多】亞馬遜流域稀鬆平常的一天

亞馬遜的行程，我心中一直覺得天天要去雨林中探險，在小船上搜尋著食人魚和鱷魚的下落，就如同電影一般，不過，現實跟想像的，果然還是有段差距。坐在船上時，我默默地跟隔壁的德國女生說：「現在我的心情非常的矛盾，我很想看到鱷魚和食人魚，但同時我又很不希望看到鱷魚和食人魚。」但是一切都是我想太多了。

因為我們在亞馬遜的上游，所以鱷魚和食人魚都是不會出現的。。。，有機會看到的，是叫做粉紅河豚，不是有毒的河豚，是住在河裡的海豚。好平和啊！~~我們每天的交通工具有兩種，一種是有馬達的船，一種是沒有馬達的船，共通點是，離水面都非常的近。而我們每人都會被分到一雙雨鞋和一套Poncho（雨衣），雨鞋是每次都必須要穿的，因為是雨林，地上都會是泥濘，只要有機會上土地，都必須要穿，而雨衣就必須看天氣了，在亞馬遜雨林的天氣，就像大姨媽來的女子一樣非常的陰晴不定，突然就會下傾盆大雨，但沒多久又會是陽光普照，所以許多人還是會帶著以防萬一。

每天的行程不外乎划槳、游泳、找海豚和雨林步行。在這趟旅行，我發現外國人非常重視防蚊，每天他們在討論的就是防蚊液和防曬乳，哪個買到的Deet（敵避）比較多，妙的是，在台灣不

每天的行程—划小槳

太容易買到可以直接塗抹在身體上的防蚊液（含有Deet成分），英國佬不知道在哪買到的竟然描述含有90%Deet，不過他說塗在全身的感覺非常的噁心，但是還是拼命地塗抹在身體每個裸露的部分，外國人真的很怕被蚊蟲咬！行程裡最有趣的應該是在雨林中行走吧！因為你看到的任何昆蟲都被放大好幾倍，我發現了一隻沒看過的巨蟲，結果導遊說這隻是小隻的！同行的人很吃驚地對導遊說：「你知道英文的「小」是什麼意思吧？你說這個小隻？」

在雨林中散步，並沒有想像中的那麼詩情畫意，也沒有像電影中的角色這麼的英勇，走在半路上要不時拍打著爬進雨靴內的切葉蟻，當你的腿一直感覺到被咬的刺痛時，這一點都不好玩！真的不好玩！這裡也沒有所謂的步道，不時還要走著天然獨木橋，下面就是沼澤，雖然每一步都小心翼翼，卻還是壯烈的滑落了！。。。一個踩空，我的雨靴中頓時充滿著滿滿的「生命」

啊！！Oh! 不！

在夜幕低垂的雨林中，我們一行人每人拿著手電筒照著未知的路，如果你叫這是「路」的話，其實真的很恐怖！！四周充滿著不知名的昆蟲和動物的叫聲，如果沒有手電筒，伸手真的不見五指，手又不能亂摸，因為一摸附近的樹幹上，可能就會摸到會螫人的昆蟲或是你不知道的生物，一定要有人帶路才能離開這個恐怖的地方，英國佬問法國男生說：「如果把你一個人丟在這種地方，你要怎麼辦？這裡連手機都沒訊號。」法國男生回說：「我應該會哭著叫媽媽吧！」沒有騙人，真的很可怕！媽啊！～

「小隻」的昆蟲

獨木橋

在行程裡，最讓我們討厭的就是划槳了。為什麼勒？因為熱又累啊！！這種小舟沒有遮蔽物，尤其是在這種陽光普照的天氣下，一划就必須是一上午或是一下午，每次一聽到Paddling，就看到大家一臉大便臉，因為你一旦划出去，就必須再划回來，不然就回不去旅館啊！！

還有一個有趣的行程，就在在亞馬遜河內游泳！因為有陽光的照射下，水溫不會太低，小舟把你們帶到湖的中央，大家脫衣服就跳下去了（女生當然有穿泳衣！～）我也跳下去游了一下，結果帶了一大堆的螞蟻上來。

晚上回到旅館吃完晚餐後，其實也沒有什麼事做，通常就是洗洗睡了，因為房間內的照明只有蠟燭，所以非常的昏暗，睡前都還是必須仔細檢查床上和四周有沒有什麼不速之客，結果我就看到好幾隻大蟑螂，要趕也不是，留在那邊也不

在亞馬遜河游泳

亞馬遜河夕陽，超漂亮的！～

對，跟我住同一間的挪威女生自告奮勇的要處理，我跟她說我真的很討厭蟑螂！！結果她看著蟑螂，問了我一句：「牠（蟑螂）會咬人嗎？」我頓時愣了一下，回說：「不會，但是我真的不喜歡！」她聽完後就默默的把蟑螂趕走，我心想：啊哩？她沒有看過蟑螂嗎？如果是的話！我也想搬到挪威去啊！但是，很莫名的，在這個應該是充滿危險的亞馬遜河流域中，我卻睡上了這幾個月睡最好的幾天覺。

P.S.連起床要穿鞋的時候都必須先檢查鞋子裡面有沒有東西才能穿，不然是很危險的，裡面有可能會住個小生物。

P.S.有一天半夢半醒中一直隱隱約約聽到房間內有生物飛來飛去撞到牆壁的聲音，醒來後隔壁的挪威女生跟我說是隻蝙蝠誤闖進來，飛不出去亂撞。

【Peru 祕魯】Cuy = Guinea Pig，烤天竺鼠，不吃嗎？

越接近祕魯，開始發現有的餐廳會出現一道菜，叫做Cuy，而且還不便宜，翻開menu，竟然沒想到是「G-Force」？為什麼祕魯人這麼愛吃天竺鼠呢？因為天竺鼠本身高蛋白質、又沒有膽固醇，而且山區沒有什麼其他飼養動物，重點是好養殖，繁衍很快，但這在古代祕魯是大餐喔！有特別的節日才會吃的，並不是隨便都可以吃的到的，而在祕魯古都Cusco的教堂中，也有一幅「最後晚餐」，通常桌上擺的食物都是其他肉類，而在祕魯，桌上擺的食物就是「天竺鼠」，從這裡就可以知道，天竺鼠在祕魯的地位是多麼的高了！

看看那渾圓的身材和可愛的臉龐

再看看牠們…這位老闆娘邊烤還邊偷吃

【Peru 祕魯】祕魯Arequipa辦理智利簽證

2013/04/29日誌：

一直聽聞背包客說在秘魯的Arequipa辦理智利簽證很方便，今天4月29號我帶著朝聖的心態來了，辦理簽證的智利大使館其實位在歷史區，所以應該離觀光客的住宿位置都不遠，走路就可以到了。

辦事處地址地址：

Mercaderes 212, Galerias Camesa IVP of 600（在大樓的六樓，剛好600號）

open hour：10am to 2pm

雖然聽聞大家只需護照和10塊美金和旅館住宿地址，我還是帶了一些文件過去，果然他一開始就默默的打著電腦，叫我過去看，結果是Google Translator，看了內容發現好像是什麼原因？我的簽證必須只能在5/8號才能拿到，要寄送到Tacna的樣子。我心想：啊？怎麼跟大家說的明天拿到不太一樣？我問他能不能早點拿到，如果花多一點錢？他又回說：如果用快遞寄送，你要多花20 soles，可以在5/2號拿到。我寧願快一點拿到，時間現在比金錢還要寶貴啊！因為我已經定了5/9號到復活節島的機票了，如果5/8號才拿到簽證，我勢必又要改機票時間了。所以，我花了10美金（VISA process）＋20 soles（快遞費用）= multiple VISA of Chile四天時間可領取簽證。

P.S.話說看他打開的檔案，是4/24號來申請VISA的台灣女生～大家果然都跑到這裡辦VISA啊～

【Peru 祕魯】Colca tour！一起去看禿鷹

2013/05/09日誌：

來到Arequipa，Peru雖然主要是辦簽證，但是在等待的期間，想說還是出去玩一下，報名了Colca Canyon看Condor（禿鷹）（話說之前去Colca tour的時候，被踢爆他們的明信片都是Photoshop改出來的，因為每張明信片的禿鷹竟然都長一樣，只是位置和大小不同），我看了一下出發時間，我都傻眼了，凌晨二點？？我的老天爺！我有沒有看錯？我瞪大眼睛再次跟旅行社確認時間，他回說：「我知道！這實在很瘋狂，但的確就是凌晨兩點。」啊！！~我真的想說，我平常上班都沒有像出去玩的時候這麼的早起早睡啊！我還特別跟旅社的人報備說我必須要半夜出門，麻煩幫忙確認那時候會有人在，結果旅社的人員面有菜色，還是勉強點點頭，半夜兩點多出發後，真的是冷到炸，雖然白天天氣蠻熱的，但是夜晚真的凍得要死，坐在巴士上面直打哆嗦，在路上跟一位來自東歐的女生聊天，對於她的國家，一直搞不太清楚位置在哪？只知道在東歐，問他是不是在捷克隔壁？「指：Slovakia（斯洛伐克）」她說：「不是。」但是又不是Slovenia（斯洛維尼亞），最後回旅館查了一下，原來是Serbia（塞爾維亞）……沒有去過東歐，對於國家的了解真的好少啊…地理老師我對不起你！為什麼要特別到這裡看禿鷹勒？因為這裡的地形造就上升氣流非常的旺盛，所以禿鷹都喜歡飛到這邊來，但因為禿鷹都很早起床，所以我們也必須很早就要抵達現場（倒）。看完禿鷹，拿到智利簽證，下一站，阿塔卡瑪沙漠！智利！智利！智利！

【Chile 智利】台灣戲劇揚名海外

當我在智利的San Pedro de Atacama（阿塔卡馬沙漠）的時候，預計下一站是先前往智利首都Santiago，再搭飛機到復活節島，如果搭巴士，預計花費28小時抵達，那時就很糾結到底要搭巴士還是要坐飛機，一位當地人很認真的用英文跟我說：「搭巴士時間真的很久很久，你最好坐飛機。」人在異地，最好不要鐵齒，所以我就毅然決然的買機票了，但是這個地方真的是一個小小鎮，本身沒有飛機場，最近的飛機場是在離這個鎮一小時車程的Calama，飛機票都買好了，那要怎麼從這個鎮前往Calama機場哩？只好去街上找尋有沒有小巴士接送去機場的服務，因為沒有頭緒哪裡可以找到接送服務，只好找店家詢問，店家跟我說附近巷子裡的店有接送服務，叫我去找找。事情就是從這裡發生～

我在巷子內晃了一下，才看到一個小窗口，上面貼著車子的圖片，我想應該是這裡了吧？只好硬著頭皮去詢問，在窗口內另外一邊是一位胖胖的婦女，一開始我問她有沒有車到飛機場？他說：有。幾點到？我回答她一些瑣碎的事情後，她又問我：你從哪裡來的？我就指著自己說：Taiwan, Taiwanesa。頓時間，不知道為什麼她聽到後突然非常非常的開心，開始劈哩叭啦講了一大堆西班牙文，然後動作非常非常的誇張，雙手撫著自己的胸口不停的驚嘆著。

我有點愣到後，抓到她講的一些字眼，Taiwan，Drama…嗯？？台灣的戲劇怎麼了嗎？還是她以為我是韓國人還是日本人？認錯了？因為她太開心沒發現我聽不懂，她後來趕快用她的電腦查詢，然後非常開心的把筆電螢幕轉過來給我看，她用Google圖片搜尋出一堆照片，我一看，我差點大笑！不對！我已經大笑出來了！

哇！！耶？這不是那個？鄭元暢？欸？不對？那個。。。賀軍翔嗎？？？？大驚！！！然後對方知道我認出來後，就很努力用英文跟我說：I love him so much!!～～He is my hero!～Oh!～ He is so ×××然後又用非常陶醉的表情撫著胸口，我從來不知道台灣的偶像劇已經揚名到世界的另一端了？！至少在智利的這個小鎮有一位死忠的婦女支持著台灣的戲劇。

雙手摀胸，一臉陶醉

【Chile 智利】在復活節島瘋狂騎腳踏車！

好吧……其實這不算暗黑歷史，這是我自找的，終於到了夢寐以求的復活節島，想說租腳踏車環島，我拿著地圖詢問旅館老闆說：「從城鎮到達島的北邊會花多久時間？（小鎮在島的南端）」，旅館老闆說：「到達島的另外一端只需要走路一小時半。」還用兩隻手指比劃走路的動作，我就想：耶？比我想像的近啊？我還可以沿著海岸走走停停照照相，隔天就野心勃勃租了腳踏車上路了，路途上不斷有車子呼嘯而過，路過車子裡的媽媽都跟我豎起大拇指比讚，心中還小小得意，結果光是騎了一個小時後，發現有點怪怪的，怎麼還沒有達到標的物，明明已經一小時了，為什麼沒看到？是我錯過了嗎？如果老闆說「走路」一小時半就可以到北邊，那我不管怎麼樣，都至少一定走一半以上了啊？

懷著質疑的心還是繼續地騎著腳踏車，由於島上的路除了鎮上道路是柏油路，其他的路都是泥土路和碎石子路，非常地不好騎，也無法騎快，又要常常脫離主幹道去搜尋Moai，我自己自圓其說，應該是我花太多時間去找Moai而浪費許多時間，結果在騎加上走了七個小時的腳踏車後，我卻仍在島的另外一端，看著手錶的指針已經指到五的方位，牽著腳踏車看著太陽慢慢地下沉，我的心也在慢慢往下沉，我發現我沒有體力再騎回來小鎮了，只好開始攔車求救的人，最後一對很好心住在

天真地跟小Moai照相

Santiago的夫婦幫把我的腳踏車和我從島嶼北端載回來城鎮，把我的腳踏車綁在後車廂，再用繩子把車門和車子綁在一起，我都想哭了。。。丟臉的是，這對夫婦中途載我去另外一個景點，好死不死得碰到路上跟我比讚的媽媽！媽媽看到我很高興得跟我打招呼！還問我說怎麼沒有騎腳踏車？嗚嗚嗚！我騎不動了啦！看到媽媽在那邊笑得好開心！超丟臉的啦！

結果我回到旅館後，碰到兩個美國男生，說：「我們也想要租腳踏車環島，你騎回來的感覺如何？」我回說：「超累的！根本騎不回來，我請人載我回來，我勸你們最好不要這樣做。」

沒想到隔天就看到這兩位仁兄上路了，那我只能禱告不要發生跟我一樣的慘事，當天回家之後，發現這兩位仁兄有點灰頭土臉的坐在餐桌前上網，我吃驚地詢問說：「你們已經回來了嗎？旅途怎麼

幫我載回鎮上的好心人！！

樣？」

結果看到他們兩位仁兄都是大便臉跟我說：「我們沒有達成，騎到一半太累了，卻也沒辦法繞原路回來，所以我們直接走了一條不是路的路，截彎取直直接殺回鎮上。太累了！」我心中的OS，老師有沒有跟你說過？你就是不聽嗎？就是不聽！！

結論：在騎完腳踏車後，遇到兩個也在環遊世界的台灣女生，我跟他們闡述我那悲慘的過程，他們倆個笑得超開心的，說在來環遊世界之前，被告誡說到復活節島絕對不要租腳踏車！好吧！不聽老人言，吃虧在眼前，但是我這段旅程也是很難忘的啊～最好的方式是租車或是租摩托車，看你們人數，不管怎麼樣，都會比租腳踏車來的合算啊！有些錢，不能省！

【Chile 智利】復活節島的交通

2013/05/12日誌：

復活節島上遇到兩位東方臉孔的女生，對方講的語言我還真聽不懂，她們講說來自一個太平洋小島，距離復活節島只需要坐飛機四到五小時，然後指了一個產品說，這是來自我們國家，當時腦袋一直無法連結，離開之後，才突然想到，哇勒？不是就是大溪地嗎？（Tahiti），真是太酷了！我問他們何時會回去？他們說：「八天後。」我就說：「啊？雖然復活節島很有趣，可是好像沒有有趣到要待到一個禮拜以上啊？」大家都說復活節島有Moai，Moai和更大的Moai，沒有其他的了，他們倆苦笑地說：「沒辦法啊！因為從我們國家到這裡的班機，一個禮拜才只有一班，所以我們要回去也只能等一個禮拜後了。」頓時覺得住在與世隔絕的島嶼，要去其他國家的困難度真的會大大的增加，住在這裡如果沒有什麼娛樂，還真的會很無聊哩。

【Chile 智利】復活節島文明為何消失？

在前往Easter Island之前，因為拜讀了「Collapse—How Societies Choose to Fail or Succeed」這本書，對復活節島心嚮往之，在第二章節中，在探討著為什麼復活節島文明為何消失？當初在讀此書時，對於作者所說的方位一直搞不清楚，一直真正到了復活節島，再去讀此書時，整個畫面就在腦海中展開，有種醍醐灌頂的感覺。

從智利前往復活節島需花費四小時多的飛行時間，對於復活節島的第一個印象，有樹！我一直以為復活節島上面已經沒有半棵樹，都只有草和石頭，不過我貌似記錯了，復活節島的確曾經一度都沒有樹，這些樹都是後人種植出來的，所以高度都沒有很高。復活節島比我想像的還要欣欣向榮多了，有馬、牛、雞、狗（大量）…etc，但也商業化多了，城鎮上主要都是觀光商品店、餐廳和旅館。島上的原住民為波利尼西亞民族，在同一個作者的另外一本書「Guns.Germs and Steel」說到：波利尼西亞語也是南島語系的其中一支，而南島語系，沒錯，就是台灣的南島語系，他的範圍北從台灣、東達復活節島、西及馬達加斯加、南到紐西蘭，很難想像這麼遙遠的距離，我們卻擁有著相同的語系，這些從台灣延伸出來的南島語系居民，怎麼一步一步的從東南亞拓展到復活節島？當初這些人是怎麼坐

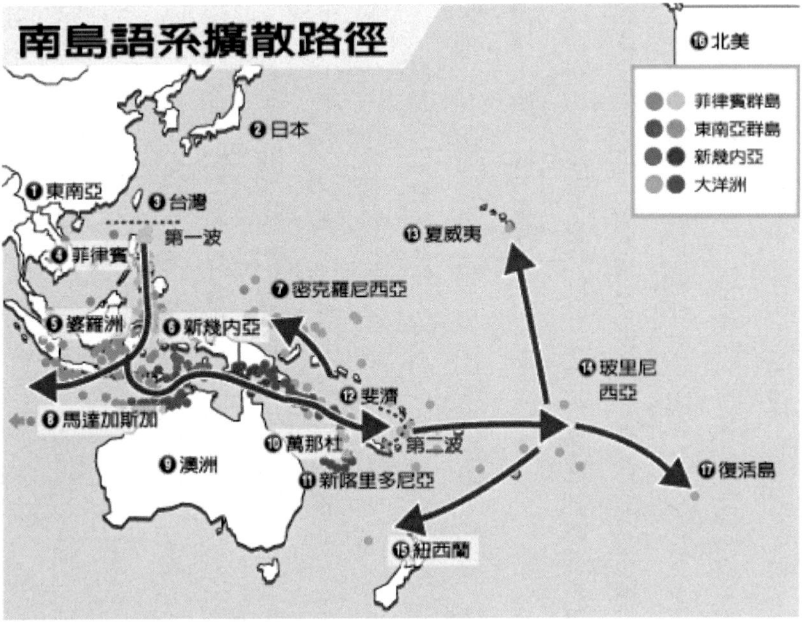

南島語系超強大！！～資料來源：奧克蘭大學網站

著獨木舟，載著雞，載著糧食，在沒有指南針和電力的狀況下，只能靠著海流和季風，「幸運的」花超過好幾天的時間飄到復活節島上？又怎麼在沒有動物、器具…etc的狀況下，從採石場搬運和建造出這麼多的雕像並運送到各個海岸？

此島位於南緯二十七度，所以天氣氣候相似於北緯二十七度的台北，雖然氣候溫暖，但是卻風大，導致植物在還沒成熟之前可能就被吹落了，由於洋流較為寒冷，這裡的魚種只有127種，相對於其他島嶼魚種較少，而且島上的多岩石懸崖的地形導致不利於漁獲，因而此島嶼的天然資源相對缺乏。還有一個問題就是雨量，這裡的雨量雖然不少，但相較於波利尼西亞人的角度而言太少了，因為他們主要農作物為需大量水分灌溉的香蕉、芋頭、甘蔗、番薯…etc.還有唯一的家畜食物：雞。島上的人口，少則6000人，高峰期則高達30000人，而這只是保守估計，也許會更多。一個島可以居住到三萬人以上，想必應該蠻大的，恩…大概180平方公里的大小，180平方公里是什麼概念？認真講的話，比台北市（271平方公里）還要小，比金門（151平方公里）還要再大一些，就是這個概念…在那個物資環境狀況，30000人口真的算的不少的人口了。

接下來講到主角石像Moai了，他腳下踩著地基叫做Ahu，然後頭上頂著帽子叫做Pukao，據了解，整座島嶼上總共有887尊Moai，身高為13 feet（3.96公尺），平均重量為10噸（9061公斤）…這個重量…概念就是跟吊車一樣重吧！！！

最高的Moai，Paro，身高32 feet（9.75公尺），重量達75噸（68038公斤）…應該…跟坦克車一樣重喔！！，光是他的帽子，就重達12噸，試問，請問島民如何將12噸的石頭抬到32 feet高？還要讓它保持平衡不掉下來？？

這些Moai其實之前並不是現在看到的都是黑黑醜醜的，前面的石板上鑲有白珊瑚，剛切割的Moai呈現黃色，而帽子Pukao和地基Ahu則是呈現紅色。

這些Moai到底是幹什麼用的呢？據了解，Moai像是代表權力的象徵，從研究指出，Moai像在越後期，越做越大隻，目前最高的Moai就是在後期所產生的，這就像是首領在跟其他族人展示，我有能力豎立更高更大的Moai，又為什麼是Moai勒？有幾個假設：

標準的Moai：帽子Pukao，Moai，地基Ahu

身高比較圖

一：因為當地的凝灰岩非常適合於雕刻，不拿來雕刻太可惜了！

二：在太平洋的各個島嶼間其實會互相競爭，而復活節島的Moai就成為島上富裕或能力的象徵。

三：形成島上民族的融和，因為搬運、雕刻Moai，必須要全島與人民的幫助的，不然無法通過各個部族領土。

四：幫忙首領搬運和雕刻這些Moai是可以得到食物的，這也是島民食物取得個一種辦法（就像我們工作要養家活口一樣）。

製作Moai的過程，通常是在石場雕刻完畢，再進行運送，到達目的地後，再做最後的修飾，問題是，怎麼運送呢？他們就實地做實驗，將木頭鋪在地上，將Moai放置於木撬上，再用繩索拖拉，運送一個12 tons 的Moai，耗費50-70人，每天工作

採石場上的Moai

5小時，可以在一個禮拜內運送到目的地。如果運送最大的Moai像，就必須耗費500人去拖拉。送到目的地後，最重要也是最危險的步驟就是把Moai豎立起來，如果一開始就直接把石像豎立成90度直立的話，非常有可能石像會因為用力過度直接傾倒，十幾噸的石頭壓下來可不是開玩笑的，所以他們只會拉到快垂直時，再慢慢的修飾地基石頭做微調。

從搬運的方式可以了解到，當時必須有足夠的食物提供給這些搬運工，也必須有足夠的樹木做成木撬，階梯和軌道以及繩索，可以想見當時的物資是非常充裕的，但是現在看到復活節島的景觀，其是樹木數目並不多，而且並不高大，這些樹到哪裡去呢？除了為了搬運Moai，還砍伐樹木製作獨木舟，另外還有一位不速之客，老鼠，在許多棕梠樹果實遺跡上，會發現到有牙齒啃食的痕跡，這也是造成樹木絕跡的原因之一，在食物上面，從垃圾遺跡中可以發現，以前有許多的江豚、海鳥、貝殼、魚、海豹…etc骨頭殘留遺跡，由於人類過度的捕食，這些食物日漸減少，由於資源的減少導致人類開始飢餓，人類對於食物的需求轉移到同類，在垃圾堆的殘跡中，也發現了人類的骨頭…一開始島民崇拜於祭司和酋長，因為他們可以帶給島民食物和穩定生活，但是他們在也無法承諾島民的需求時，軍人首領就取代了他們的位置，島上就開始不停的戰爭，人們為了安全，島民的生活也從陸地上變成了地洞裡，我當時進入地洞中，這些地洞都是入口很窄小（防禦敵人入侵），地道非常地冗長，有些地方其實是很寬敞的，但黑暗到幾乎伸手不見五指，所以如果一個人在地洞中走，其實是有點可怕的。

到底復活節島的崩壞是由於自然上的因素還是人為的破壞呢？以下有三種論點：

地洞入口

地穴内部

一：在西班牙人踏上復活節島的日記中，島民對於西班牙人的反應是不在乎、疑惑和不害怕的態度來看，和與世隔離的地方第一次見到外來人的驚嚇反應，可以看出在更之前可能已經有船隻踏上復活節島，只是沒有紀錄，但這部分就不得而知了，但可以確認的是，從江豚的食物中減少、樹木種子的消失，海鳥的滅絕可以知道人為的影響是很大的。

二：氣候的變遷（聖嬰現象）導致了崩壞，但是目前也沒有那時候的氣候數據可以證明此種說法。但是我們可以從兩萬年前到三萬年前的棕梠樹和其他種類的樹種沉澱物來觀察，在這之前已經經歷過無數次的聖嬰現象，而這些樹木也都存活下來，而在崩壞之前也碰到過更寒冷和更乾燥的時期。不過確實有人類的行為加劇了氣候變遷的可能性。

三：自我環境的破壞。當然復活節島的居民並不會蠢到明知道它是最後一顆樹卻又砍倒它，研究人員收集了非常多早期的航海日誌針對這些太平洋島嶼進行比對，發現樹木減少的島嶼都有一些共通性：乾燥的島嶼較多的、位於高緯度的島嶼較多的（較寒冷）、古老的火山島較多的、沒有空氣灰塵的、距離亞洲粉塵（沙塵暴）較遠的、沒有環礁的、較低的島嶼、較小的島嶼以及較孤立的島嶼。

主要影響原因為雨量和緯度，像是乾燥、寒冷，都會造成樹木成長緩慢。而其他三個原因像是島嶼的年齡、灰塵、粉塵，都是為了保持土壤的肥沃度。而有環礁的島嶼，充滿了尖銳的石頭，島民是無法在上面行走的，也因此保持了當地的環境。最後的三個原因是比較複雜的：海拔、距離和面積。地勢高的島嶼因為較容易聚集雲層和雨水，他們所聚集的雨水同時也可以滋養地勢低的土地，而如果高度過高和地勢太陡峭，也不適合人類攀爬，也會保留原來的風貌。距離的原因可能是因為在孤立的島嶼會比較著重於島內的活動而不是向島外發展並進行交易等等。而面積大的島嶼比較能保持水土的原因有很多：可能因為有更多地方不適合栽種，人口密度較低，外部環圍低，面積比率等等。

但是復活節島在裡面的排名如何呢？他是在所有島嶼中第三高緯度的，擁有最少的雨量，最少的火山灰塵埃，最少的沙塵暴，沒有環礁、與其他島嶼的距離是第二遠的，火山是很古老的，統計結果，復活節島是眾小島中裡三個最不適合樹木砍伐的的島嶼之一，事實證明，其他的兩個島嶼已經沒有任何人類居住，而復活節島則已經減少了百分之90的居民，所以，復活節島其實是一個非常脆弱的環境，不適合做任何的森林採伐。

所以我們可以統合崩壞的原因主要有兩個大方向，人類環境的影響：森林砍伐和海鳥數量的衝擊，以及政治、社會、宗教的因素：像是孤立的復活節島導致島民無法離開島嶼，大家都專注於建造Moai和互相競爭。脆弱的環境加上人類的破壞導致島嶼的崩壞。

現在的復活節島，只看的到許多石頭的遺跡，很難想像當初這裡到處都是居民的景象，只剩下許多傾倒的Moai和少許豎立的Moai繼續留守在這座島嶼，島嶼的西南方為主要城鎮，街上都是販賣觀光商品，儼然成為了一座觀光島嶼，島上的物價不便宜，因為都必須用飛機運送貨資，飛機被LAN

航空壟斷，每天只有一班航班來回Santiago，但仍然班班爆滿，復活節島的魅力仍然吸引了大批的觀光客到來。

資料來源：Jared Diamond "Collapse - How Societies Choose to Fail or Succeed"

【Chile 智利】在智利Valparaiso辦理阿根廷簽證

由於看到許多人都到Valparaiso辦理阿根廷簽證有成功的經驗，從復活節島回到智利後，終於有充分的時間辦理簽證這個棘手的玩意兒了。

阿根廷辦事處地址：Blanco 625, of 53（5樓），Valparaiso，Chile.

Monday to Friday, 9am to 2pm

fono：（+56 32）2213691, 2217419

就在Sotomayo Plaza隔壁，如果是出來旅遊的朋友，旅館應該都是在附近，不會太遠。

我準備的資料如下：

1. 護照影本+全部內頁簽證影本

這個最簡單，去附近的foto copia就可以了。

2. 財力證明+信用卡影本

在台灣時已經申請了銀行財力證明，我另外還有一份線上的財力證明，我總共準備兩份。

3.行程表

列出每天的行程表，盡量合理化。

4.二吋照片四張

在台灣時已經準備好。

5.入境阿根廷第一天的預定住宿資料

在網路上直接用hostelworld.com預定住宿，如果取消預定，訂金會被吸收。

6.入境+出境阿根廷的機票或是車票（我被這個搞慘了）

因為我的行程是從智利的Puerto Montt，Chile搭巴士到Bariloche，Argentina，然後從Puerto Iquazu，Argentina 到Foz do Iquacu，Brasil，然後從Rio de Janeiro坐飛機前往Spain（飛機票是oneworld ticket，所以已經有定位記錄了）

從智利出發到阿根廷的部分，只好先直接上網訂了Cruz del sur 巴士公司的巴士票（如果取消，只能refund 85%）

但是我的認知以為我拿出從巴西到西班牙的機票就可以了，因為我的行程表上連巴西的部分都寫清楚了。誰知道我到辦事處後，小姐跟我說我必須要有離開阿根廷的車票或是機票，即使只是訂位紀錄也可以，可以證明你不會在阿根廷逗留，要我寄e-mail給她也可以。

我傻了，因為從Puerto Iquazu,Argentina 到Foz do Iquacu,Brasil雖然是邊界，但其實距離很近，就

像是香港到深圳這樣的感覺吧？所以我所看到的資訊都是隨便坐一台local bus就可以過境，也沒提到巴士名字，也沒有線上訂位的服務，這樣我要怎麼證明我想離開阿根廷呢？我跟小姐說我回去把訂位的資訊給你，我希望今天搞定，結果回去上網查資料，查到快爆炸，打電話給巴士公司的人，結果因為對方不太會說英文而做罷，只好看有沒有tour是跨國境的，至少有人可以回覆，終於找到一家巴西的Greentoadbus旅遊公司，接電話的人會說英文，說可以幫忙用e-mail回覆tour的行程，我可以在Puerto Iquazu上車，在Foz do Iquacu下車，所以我只好用了信件回覆內容來當作離開的依據，我真的覺得這太強人所難了，誰知道那一天有沒有開團呢？……唉……

為了補文件，同一天又再次抵達了阿根廷辦事處，那小姐說：okay!你下禮拜一打電話給我，看結果怎麼樣？是否可以辦理？如果可以的話，你禮拜三來一趟，我們把所有的事情解決，你可以在下禮拜三拿到簽證（5/21號禮拜二智利節慶放假），不過簽證只能是一次性的，我詢問說：「可是我要去Patagonia（巴塔哥尼亞），有沒有可能拿到多次簽呢？」她又說：「中國人，印度人，台灣人不可能拿到多次簽，只有一次簽。」05/20我打電話過去阿根廷大使館後，大使館回覆說我的簽證approved，我禮拜三可以去辦理我的阿根廷簽證！

05/22 的早上十點到達大使館，提供護照給大使館，大使館並要我去BCI銀行繳交5700 Chilean Pesos，回來後再簽三分相同的文件即可，到下午四點時回來領取簽證和護照。VISA get!!喔呼！！！！可以去阿根廷啦！

【Chile 智利】在Valparaiso我們被遭受攻擊啦！

2013/05/22日誌：

在等待阿根廷簽證的同時，碰到智利的海軍節，在Valparaiso有盛大的軍事表演，我跟一位美國人一起去看表演，走在市區半路上經過軍事裝甲車後，突然感覺喉嚨很痛並拼命咳嗽，眼淚不斷的流，鼻涕也不斷流，越來越難過，我大喊：Is it the poison something?美國人就大喊：It's tear gas!!就叫我趕快離開這裡，趕快走到上風處，我心裡的O.S.阿？Tear Gas?腦筋頓了一下，不是催淚彈嗎？我又不是恐怖份子！？怎麼會有催淚彈啊！！？？我第一次碰到這種事情…後來才知道每當智利有軍事節日時，都會有軍事演習，像是鎮暴之類的，就會釋放催淚彈…所以其實看當地的居民經過都會掩住口鼻，或是在國定假日時根本不要出門，我們傻傻的觀光客不懂就中標了，但警方至少要告知我們不要靠近吧！！？？第一次了解恐怖份子和叛亂份子遭受到什麼樣子的攻擊…我將經過告訴智利友人，他很平淡的說：「啊！～這常常發生啊！習慣就好！」我憤恨地跟他說：「我的國家才不會釋放催淚彈對待我們的人民啊！」

【Chile 智利】歷史的痕跡

2013/06/16日誌：

話說之前講到智利之前由德國人統治，我去查資料後，發現原來智利收留不少二戰後的納粹份子，讓我想到在智利的一段小插曲，在Valparaiso遇到一位美國人，我們一起出去坐Metro時碰到對面一位老先生，老先生一開始問我哪裡人，我說：台灣，他又問他（美國人）哪裡來的，我就說他是美國人，老先生又問：你是純美國人還是混的美國人？我那時聽到一整個不解，美國人哪來純的混的？純的只有印地安人吧？這位老先生到底在想什麼？這個問題在疑惑下不了了之。後來美國人才跟我說他之前的家鄉在以色列，那個人可能是納粹份子之類的。但是那時候我沒有放在心上，心裡覺得這是什麼年代了還有納粹份子？，沒想到現在突然聽到智利之前由德國統治，全部線索連成一條線。。。歷史的痕跡會顯現在各個小地方（BTW,為什麼那位老先生用看的就知道他是猶太人？）

【Argentina 阿根廷】在世界的盡頭跌倒了

搭乘八小時左右的巴士橫跨山脈從智利的Puerto Montt到阿根廷的Bariloche，終於踏上阿根廷的領土了，在阿根廷，有一個很想要去的地方，就是「世界的盡頭」Ushuaia，這可是除了南極洲本身之外，世界的最南端啊！沒有錢去南極，也要去世界最南端過過癮啊！在Ushuaia的時候，由於已經接近冬季，因為積雪或是天氣不佳，導致許多活動都關閉了，我詢問旅館還有什麼地方可以去，他推薦了我可以去火地島國家公園Tierra del Fuego National Park，喔？有國家公園啊？我想了好半天，才答應要參加前往，由於是淡季，國家公園免門票，而且一天只有兩班車抵達國家公園，一班早上九點，一班則是中午十二點，回程最晚是下午五點，因為我趕不上早上九點的那一班，所以決定搭中午十二點的班次，我詢問過老闆娘國家公園的步道要花多久時間行走？老闆娘想了想，說：「四小時吧？走快一點三小時。」結果另外一個人走過來跟我說：「兩到三小時就夠了。」結果他們倆個還因此爭論了一番，結果最後跟我說：「你只要在五點前抵達車子接送的地方，不用擔心！你會沒事的！」這。。。？害我隱隱覺得有問題，路線是不走回頭路的，公車把你載到A點（Start），然後會在B點（Pick-Up）接你，所以你必須不管如何，要在時間內把步道走完，不然不會有公車在A點接你的啊！從市區到達國家公園要花費一小時，等於我只有四小時時間要將步道走完，想了想。。。應該夠吧？準備好一些小零食和飲料就上路了。

再申明一次，由於是淡季，所以車上只有我一個人乘客，公車司機幫我載到一個空地（真的是一個空地，其他地方堆著積雪），指了指一個缺口，說這裡就是入口了，你如果想要走到世界的盡頭（公路三號的盡頭），就往下走，然後再走四號走道往上走，到公車接送的地方就可以了。貌似很簡單，但實際看到走道的時候，我終於知道心中的不安來自於哪裡了。這裡的國家公園不像台灣的一樣規劃的非常完善，任何指引和步道都做得好好的。這裡的國家公園擁有非常原始的自然生態，所謂的步道只是人踩出來的道路，由於現在鮮有人跡，有些步道要特別注意才能找到，也很少有指示標，說實在，我常常是憑感覺在走了。地上覆蓋了積雪和冰，雖然我很小心地走，卻一個不留神，非常華麗的。。。摔倒了。我一屁股坐在堅硬的冰地上，那疼痛感從屁股直衝到腦門，頓時整個人當機了五秒左右，痛到想叫叫不出來，聲音硬生生地卡在喉嚨中，後來想想在這種荒山雪地裡，叫多大聲也沒用啊！而我的左手因為反射動作扶住隔壁的木製扶手，導致我的左手扭傷了（後來我的左手無法抬起兩個禮拜，當下可能天氣太冷沒感覺到痛）。我在世界的盡頭跌倒了。

Anyway，我還是很努力地繼續前進，馬上走到了「世界的盡頭」（其實再過去還有路啊。。只是車子不能走），照了相留念後就打算往四號步道走。

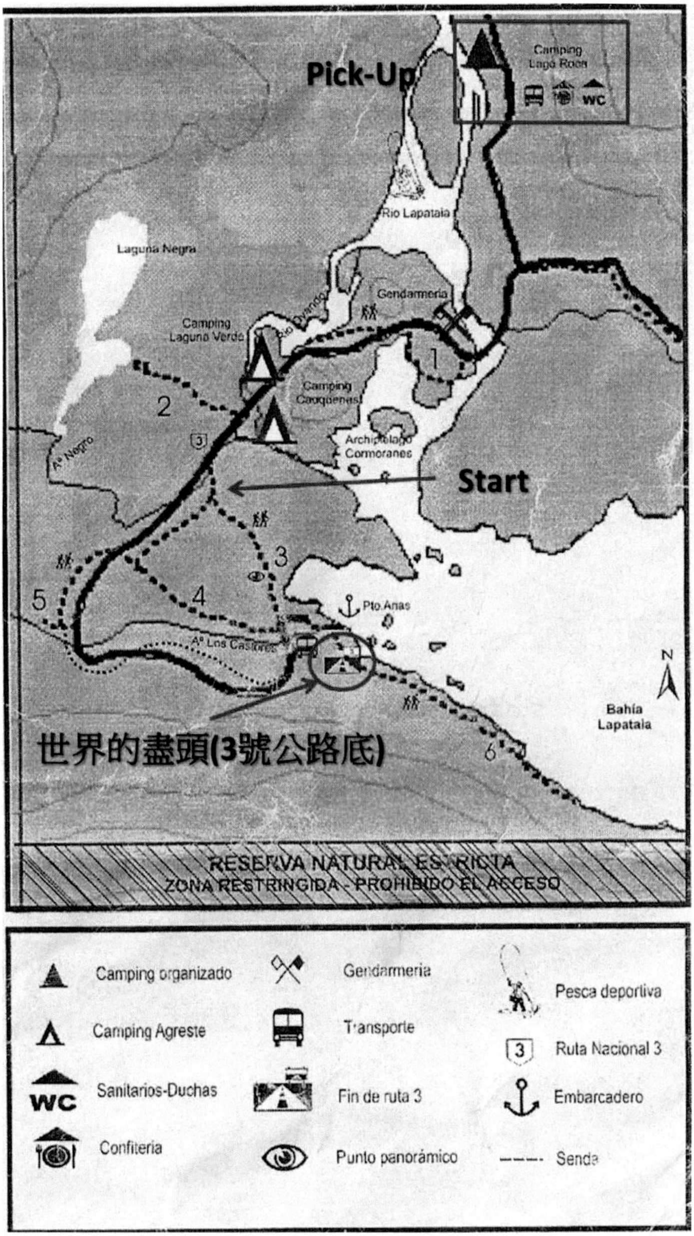
Pick-Up
Camping Lago Roca
WC
Rio Lapataia
Laguna Negra
Gendarmeria
Camping Laguna Verde
Camping Caiquenes
Archipiélago Cormoranes
Start
1
2
3
4
5
6
Pto. Anas
A° Los Castores
A° Negro
N
Bahía Lapataia
世界的盡頭(3號公路底)
RESERVA NATURAL ESTRICTA
ZONA RESTRINGIDA - PROHIBIDO EL ACCESO
Camping organizado
Camping Agreste
Sanitarios-Duchas
Confitería
Gendarmeria
Transporte
Fin de ruta 3
Punto panorámico
Pesca deportiva
Ruta Nacional 3
Embarcadero
Senda

國家公園地圖

世界的盡頭景色

唯一一台計程車和一隻狐狸

結果一開始就懵了，慘了！我找不到四號步道的入口啊？剛好在世界盡頭找到一輛計程車（也是唯一的一台），請問他步道的入口在哪？結果司機回答說：現在天氣不好，很多積雪，不適合走步道，叫我不要去走。我心裡想：我剛剛就這樣走過來的了啊！沒什麼問題吧？不打算理他只好自己尋找路口，終於在不起眼的地方找到了入口，就走吧！～

走著走著，我只能跟著之前觀光客的足跡在走，有時還常常走到死路（前面沒足跡的地區），只好在森林雪地中繞來繞去，心中想著應該往北走就可以到達搭車的地點了。結果，我終於看到了一個指標，我一看到，心就寒了一半，慘了！我走錯路了。。

雖然西班牙文只學兩三個月，但也差不多了解那個警告標語是寫：請勿靠近！這裡是阿根廷邊境。重點不是邊境很危險，重點是阿根廷和智利的邊境是在公園的西方啊？我明明是要往北走，怎麼往西走去了？可是想想剛剛的路根本沒岔路啊？我只好默默地往回走，心中惴惴不安，這裡只有我一個人，又在荒郊野外，天寒地凍，四周都是樹林，根本分不清楚東西南北，如果迷路無法準時抵達搭車的點，我就會被野放在這個地方了。

我想了一下，突然想到我還帶著Iphone，趕快打開了裡面的一個內建app，指南針。我沒有想過我會在這種狀況下使用了指南針，但我做了，我就看著指北針朝著北方方向走，我想再怎麼樣，一定可以讓我碰到比較大的標示，這樣就有辦法回去了，突然覺得Iphone在手，威力無窮啊！～因此我也有驚無險地找到回去的路，看到巴士來緩緩駛來的時候，有種活過來的感覺，果然一個人很不方便啊～～

禁止穿越和阿根廷邊界

前面是死路喔～

【Argentina 阿根廷】Ushuaia監獄

在Ushuaia的博物館裡保留的當時監獄的原型，當我一走進去的時候，不知道是天氣問題，我直打冷顫，整個氣氛非常的沉重和詭異，走到末端時，進入犯人的廁所和浴室，浴室是用淋浴的方式，讓我馬上連想到二次世界大戰的毒氣室，跟犯人說去洗澡，釋放出來的不是水，卻是致命的毒氣，不知道是否受到電影影響太深，我抬起頭來看著這些灑水器，心中充滿著絕望並令人窒息，我一點都不想留在這個地方，這種陰森森的感覺讓我整個頭皮發麻，幾乎有點走帶跑的方式落荒而逃。

監獄走廊，中間為暖爐

淋浴間

【Argentina 阿根廷】冰山上喝威士忌！

在El Calafate的Mini-Trekking Tour截止的最後一天，終於趕上了報名，讓我有機會攀爬冰山，說到冰川國家公園（Los Glaciares National Park），這個景點是我從復活節島之後，看到會發出「哇！」驚嘆聲的景點，因為這是世界少數終年不融化的冰川，他只會遞減或是增加，但永遠都在這裡。因為冰川的寬度實在太廣，照相機用廣角都不清楚能不能照出全景，而且冰川的品質非常純淨，之前看過其他的冰川，上面都佈滿灰色的塵土，看不出來冰川的漂亮，而這裡的冰川，有一種純粹的藍，非常地晶瑩剔透，不自覺地想待在那邊一直看下去，雖然人類不斷創造出所謂的「七大奇蹟」，但是面對大自然的鬼斧神工，人類的所作所為，頓時也覺得是班門弄斧了。我喜歡南美洲，有大山，祕魯人自豪地說：「沒有超過5000公尺的山，都不叫做高山。」Arequepa的colca canyon有世界排名的峽谷。有大水，伊瓜蘇瀑布是世界三大瀑布之一，個人認為比北美的尼加拉（Niagara Falls）瀑布壯麗。有沙漠，智利的阿塔卡馬沙漠是全世界降雨量最少、世界上最乾旱的地方。有冰川，冰川國家公園如此的壯觀，站在它面前只會覺得自己的渺小。這一切都是來自於大自然的力量，並非人為，這

冰川如此壯觀！

冰爪

冰川上到處都是這種深不見底的冰穴，掉下去就不會再見了

是花多久的時間日積月累才能成為如此的景象，渺小的我，是想不透的，就像是只能活一天的昆蟲，哪懂得一年四季。

在冰川上行走，雖然對多數人是很新奇的事情，但事實上卻是很危險的，我們每個人都必須先穿上冰爪牢牢綁住，如果冰爪鬆脫了，會是很危險的事情，在冰川上行走需要注意一些事項：一、走路兩腳保持平行，不能走個三七步，非常容易跌倒，也容易腳扭傷。第二、不要在冰上倒退走！這是非常危險的，因為冰川上面有太多縫隙，還有暗洞，一個不注意，有可能就會掉落在冰縫中，這種狀況可能真的難以倖免了，連專家都很難救，所以不要讓自己處於這種困境。第三、每一步都要確認好地面狀況再踩好步伐前進，在冰川上，絕對不能隨便奔跑，這是在跟生命開玩笑。如臨深淵，如履薄冰是有道理的。

誰有過在冰川上喝威士忌的經驗？我有，這個tour很貼心，讓大家可以在這麼寒冷的天氣下，喝威士忌暖身，威士忌的冰塊還是直接從地上鑿出來的，不過這個酒精成分真的太高了，我是個弱雞，淺嘗則止。

遇到兩位也是在科技業上班的美國人和比利時人，在浩瀚的冰山面前，互相談論著工作的事情，卻完全沒有隔閡，果然科技業的心酸是無國際的啊！大家碰到的問題都是差不多的，大家從工作中逃離到世界的另外一端，卻又再次的與工作相聚，世界又大又很小啊～

al Glaciar Perito Moreno
Hielo&Aventura

【Agentina 阿根廷】被搶了！護照、VISA、相機通通說掰掰～

2013/06/09日誌：

今天在阿根廷的首都，擁有美好的空氣美名，Buenos Aires 的假日市集附近的麥當勞裡面被搶了，我實在很無奈，在走進麥當勞時，有一位女性和一位男性跟我說我背後沾到東西，我進到麥當勞裡面拿餐巾紙擦拭，原來是黃芥末，一開始他還很好心幫我擦，我就把包包先放在地上，我還在納悶怎麼會沾到黃芥末時，沒想到她就把包包拿著就跑…我追出去時根本就來不及了，我面對著大街，有幾位路人用西班牙文說著（猜測）有看到有人拿包包跑走，我那時候真的想追也不知道去哪追，看著人來人往的大街，周遭聽不懂的語言，心中充滿的無助和絕望，只好無奈的跑去找警察，他可以偷走我的錢，但不希望是我的護照！！…我的簽證…在警察局裡，他們找來了會講英文的警察，幫我做筆錄，我的護照、簽證、單眼相機、Ipod都不見了…，整個過程充滿了沮喪，他說如果搶匪把護照丟在路邊有人撿到警察局的話，他們會通知我，不過機會不大，他給了我一張警察筆錄存證，蓋了印章，要我帶著，我也同時連絡了台灣在阿根廷辦事處的人員，明天早上前往辦事處看如何處理護照遺失的流程，行程又再次亂掉了，不過這次充滿了無奈，對於旅程開始有點質疑，這趟旅程到底還會讓我失去掉多少物質上的東西？才能取得精神上的需求，我是否還能繼續走下去？他們到底想要什麼？我快一無所有了⋯⋯

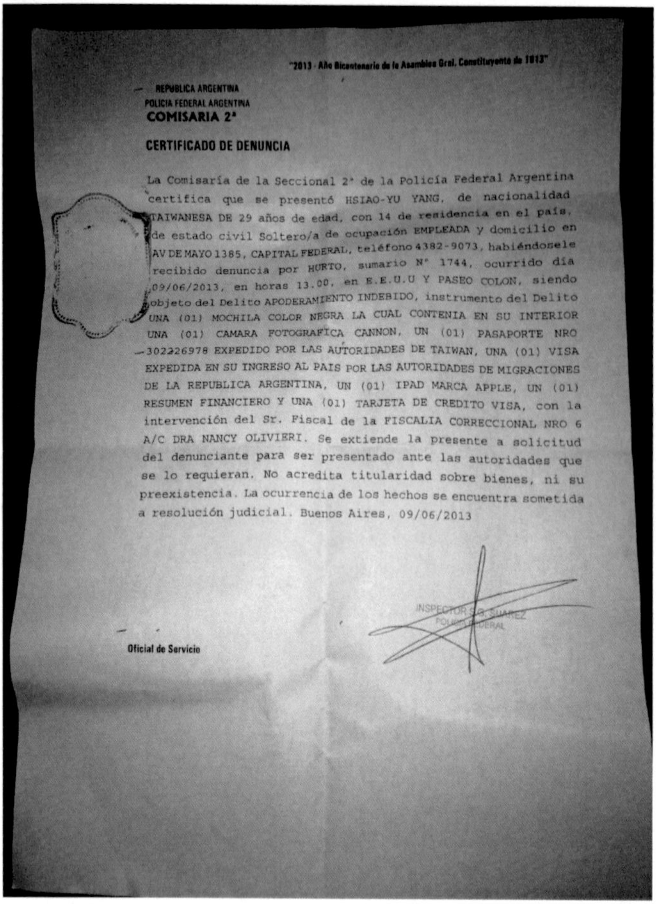

"2013 - Año Bicentenario de la Asamblea Gral. Constituyente de 1813"

REPUBLICA ARGENTINA
POLICIA FEDERAL ARGENTINA
COMISARIA 2ª

CERTIFICADO DE DENUNCIA

La Comisaría de la Seccional 2ª de la Policía Federal Argentina certifica que se presentó HSIAO-YU YANG, de nacionalidad TAIWANESA DE 29 años de edad, con 14 de residencia en el país, de estado civil Soltero/a de ocupación EMPLEADA y domicilio en AV DE MAYO 1385, CAPITAL FEDERAL, teléfono 4382-9073, habiéndosele recibido denuncia por HURTO, sumario Nº 1744, ocurrido día 09/06/2013, en horas 13.00, en E.E.U.U Y PASEO COLON, siendo objeto del Delito APODERAMIENTO INDEBIDO, instrumento del Delito UNA (01) MOCHILA COLOR NEGRA LA CUAL CONTENIA EN SU INTERIOR UNA (01) CAMARA FOTOGRAFICA CANNON, UN (01) PASAPORTE NRO 302226978 EXPEDIDO POR LAS AUTORIDADES DE TAIWAN, UNA (01) VISA EXPEDIDA EN SU INGRESO AL PAIS POR LAS AUTORIDADES DE MIGRACIONES DE LA REPUBLICA ARGENTINA, UN (01) IPAD MARCA APPLE, UN (01) RESUMEN FINANCIERO Y UNA (01) TARJETA DE CREDITO VISA, con la intervención del Sr. Fiscal de la FISCALIA CORRECCIONAL NRO 6 A/C DRA NANCY OLIVIERI. Se extiende la presente a solicitud del denunciante para ser presentado ante las autoridades que se lo requieran. No acredita titularidad sobre bienes, ni su preexistencia. La ocurrencia de los hechos se encuentra sometida a resolución judicial. Buenos Aires, 09/06/2013

Oficial de Servicio

INSPECTOR S. G. SUAREZ
POLICIA FEDERAL

到警察局做筆錄

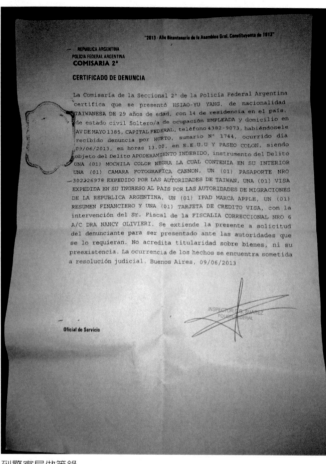

【Agentina 阿根廷】護照遺失的事宜

2013/06/10日誌：

早上九點直奔台灣在阿根廷的辦事處，跟著辦事處的人大概講了一下我的狀況，結果一位先生就走出來，他跟我說：「護照遺失可大可小，你是第幾次掉護照了？」我說：「第一次。」他說：「那還好。如果你是第二次掉護照，抱歉！你要等六個月才能拿到新護照」我心中的O.S.：What!!??六個月？他又說：「你知道嗎？護照可不能隨便掉的，因為不只你，連國家都會很緊張，連同免簽證的國家都會緊張，像是美國、歐洲等國家，他們會每年計算各個國家遺失護照的數量，如果這個國家掉護照的數量過多，他們會取消免簽證的優惠，因為他們會覺得你不尊重你國家的身分，雖然丟護照令人同情，可是這些事情一定要跟你說，護照就不要隨身帶在身上，放在旅館裡面，鎖在箱子裡，真的不行，請旅館的人保管，因為在旅館偷竊的小偷，他們是不會偷你的護照的，他們要的是現金和值錢的東西，但是你隨身帶在身上，外面的小偷不知道你包包裡或是身上有什麼？他們就全部一起搶走，然後不要的就把它丟到垃圾桶裡，如果被有心人士拿去，可以偽造身分或是變造文書。」

原來掉護照有這麼大的影響，我還真的是第一次聽到，他又說：「這裡的小偷無所不用其極，即使你在餐廳裡坐在靠邊的位子，將包包放在靠牆位置，他們還是有辦法得手，我說即使在麥當勞裡面也會？他說這裡的餐廳沒有高級或低級的差別，在星巴克也會有偷竊，被丟醬汁做擦拭動作是慣用的伎倆，你不要讓任何人靠近你，你可以大喊吸引大家的目光，千萬不要讓陌生人靠近你。」

辦事處的人員會幫我發電報給台灣外交部，等待明天回覆，要我今天去照相，提供兩張兩吋大頭照給他們，外交部會再快遞新的晶片護照過來，不過這本補發護照只有三年期限，等待時間差不多為一星期，所以這就是說……我的行程又延期了，後來接到一通電話，說我的舊護照在一間醫院被找到了，送到台灣在阿根廷辦事處，但他們也無法歸還給我，因為是已經報遺失，不能再拿給我做使用，即使是做紀念也不行，但是可以讓我影印內頁做紀念，我詢問說即使護照截角也不行嗎？斬釘截鐵地說：不行。我默默地看著這本失而復得，又必須再次失去的護照，裡面充滿我之前的戰績，影印和照相後就退還給辦事處的人，再見~~我的護照~

在辦事處碰到一位義工：楊小姐，她聽到我的遭遇，覺得我很可憐，因為我跟她說：「我現在要去買許多東西，像是iphone線材、背包、轉換接頭…etc，只是我的阿根廷幣Peso快花光了，身上只剩下美金，問題是要換阿根廷幣Peso卻是個學問，我走在街上，看到許多人喊著Cambio（交換），Cambio（交換），可是我卻害怕他們會提供我假鈔或是欺騙我（因為我短時間不想受創了），但是去Money Exchange的匯率卻是跟官方價一樣，這樣我會很吃虧。」，又聽到我自己一個人出來旅行，在這裡沒有認識當地人，她就說：「那你跟我回家吧～雖然我這裡錢不多，但是換個兩三百美金還是有的。」跟她聊天後，了解她在二十多年前跟著父母到阿根廷來定居，現在跟著兩個孩子住在市區，她帶我去她家，吃了辦事處送給她的粽子，我才驚覺快要端午節了，我已經三個多月沒有吃到台灣食物，頓時覺得粽子是多麼的好吃，她要我把剩下的粽子帶回旅館吃，又帶我去買這些必需品，我相信只有我一個人去買的話，一定是會買到又貴又不好用的產品，真的很感謝她，她又說如果有什麼需要的話，可以打她電話或是直接到她家，她可以帶我去逛逛，她和她的小孩也曾經也被搶劫過，她小孩跟我一樣也是被丟髒東西在背後，幫忙擦拭之餘，她包包裡的錢包就被摸走了。她自己是開車，把包包放在副駕駛座上，兩個騎著摩托車的人就已經在跟監她好幾條街了，故意撞她的車子，把車窗敲破，拿了包包就騎走了。

聽完之後真的覺得這裡搶劫的人真的無所不用其極，我一直以為搶劫只會發生在晚上或是傍晚，連大白天都會發生這些事情，台灣人過的生活實在是太安逸也太善良了，世界上仍然有許多這種人存在，整天不努力就只知道抗議政府不給他們工作，阿根廷的警察也沒什麼權力，除非是現行犯，不然他們是沒有權力去搜身的，所以即使真的抓到搶匪或是小偷也是沒有什麼作用的，幾個禮拜後，又會再出沒行搶，所以小偷和搶匪才會如此猖狂。亞洲人商店對此也很無奈，抓到後只能先毒打一頓，因為他們知道交給警察沒有用，只能先毒打洩憤。

對於生存在這種對待事情的態度永遠是「明天、明天」或者是「差不多、差不多」生活中的南美洲人，我真的感到困惑和好奇。

阿根廷，就像是沒落的貴族，不想改變現狀也不肯前進，卻一直緬懷過去的輝煌，未來卻是未知數。

歷史悠久的咖啡廳

【Agentina 阿根廷】一無所有之後

在經歷過兩次偷、搶之後，說實在精神萎靡了一、兩天，除了跑辦事處之外，還好有楊小姐收留我，還帶我回家吃水餃和滷味，快四個月都沒有吃台灣菜了，讓我大快朵頤了一番，也一掃我心中的陰霾。

在冷靜思考之後，發現相對而言，我所煩惱的事情變少了，我護照不在了、我的相機不在了、我的ipod不在了，我再也不用擔心這些東西不見了。有些物品，我發現我沒有它們我也能活的好好的，那這些東西只是多出來的物品，只是因為多餘出來的欲望而產生的，失去了反而少了對物質的執著，更能釐清到底哪些東西是必需品，哪些東西只是輔助品。我學習到「如何放下」、「正面思考」。之前慾望很多，想要這個，想要那個，都緊抓著不放手，到頭來兩頭空，不知道自己到底真正想要什麼，當這些欲望都一一消失後，真正想要的東西變得比較容易思考了。

行程又延宕了，我之前的工作是對於時間的管控非常的要求，所有的事情都要在計畫中，不能延後，沒想到在自己的行程，卻嚴重的延後了，原本在計畫行程時，也按照工作的方式進行，盡量抓緩衝時間讓自己的行程順利，沒想到，不管怎麼計劃都趕不上變化，之前一直憂愁要接著之後的行程

跟著楊小姐一家人去Tigre度假吃烤肉

而緊張著，現在有鬆一口氣的感覺，沒有必要把自己逼成這樣，行程還是可以走，只是鬆散了一些，計畫可以變、可以改，所以也沒有所謂的延後或是提前，我再次學習到「不管之前沙盤推演多少次，真正上陣後又是不同的狀況」，可以計畫，但不要寫死，所有的事情都是有彈性的，永遠都要想好備案。

【Argentina 阿根廷】有關阿根廷

由於被楊小姐領回家吃飯後，夫妻講了許多有關阿根廷的事情，內容未必正確和客觀，但或多或少可以窺看阿根廷這個國家。

1. 天性樂觀，正面思考、享樂主義者：樂觀到明明知道明天都要餓死了，今天晚餐的剩菜還是會去餵野狗或者是給流浪漢。月初薪水發了，就趕緊把錢花光光，該買的買一買，沒有儲蓄的習慣（可能也是受到通貨膨脹的影響）。覺得是聖母瑪利亞讓他們到人世間來玩的，玩一玩就回去了，所以要盡情的享樂。認為東方人很蠢，把人生最美好的時光都拿來工作，辛苦存的錢來付自己老年的醫藥費用，還不如在年輕時好好的玩樂。

2. 女權至上：很尊重女性，如果逮到女性嫌犯，必須等到女警來才可以進行搜身，舉例：有一次一對男女朋友吵架，結果女生竟然赤裸裸的跑在街上，警察看到了沒辦法攔阻，也沒辦法接觸，只好跟著一起跑。另外的例子：一對夫妻吵架，先生受不了打了老婆，結果被抓到警察局，衣服扒光吊在警察局裡，每個警察每次看到就揍三拳。

3.注重文化：阿根廷的街頭藝術很成熟，阿根廷政府願意付高額薪水讓藝術家每天在捷運站裡做表演，觀眾給予的小費就是藝術家額外的薪資。如果畫家作畫出名，政府出資授權讓畫家在任一街頭牆上作畫以改善市容。發生口角不會動手動腳，只會耍耍嘴皮子。

4.醫療福利好：看公立醫院不用錢，不過會大排長龍。

5.商業經：當物品需求量很大時，價格會上昇，當物品需求量很小時，價格也上昇，只有物品需求量不多也不少時，價格才是合理價。對於削價競爭是一件很愚蠢的事情。都市的物價比鄉下的物價還要低，卻可買到品質比較好的商品。

6.有共享的態度：我有食物，雖然我餓肚子，我願意分你一半，我們兩個一起餓肚子。另類的例子：對於小偷的認知，他們認為小偷是因為沒有東西才偷東西，你有東西讓他偷，就讓他偷一下啊~你沒有多少損失，他有東西後就不會再偷東西了~

7.生性高傲：為歐洲貴族的後裔。覺得自己高人一等，看不太起東方人，日本人是比較處在和他們平等的地位。認為中國人沒文化。

8.醫藥分家：醫生只負責開處方箋，領藥請到藥局領，不會發生像台灣一樣醫生權力很大，可以和藥商勾結等等事情。和歐美國家一樣，推廣盡量不要吃藥，靠身體本身恢復機能。感冒去看醫生，醫生的建議是吃冰淇淋和喝可樂⋯

9.天然資源豐富：有天然氣，有糧倉（世界第三大農作物出口國），號稱「寶國」，有自己的航空母艦、潛水艇…etc.

10.歐美式教育制度：出席率不是重點，如果考試考高分還是會過。相較於東方國家，比較沒有所謂的尊師重道，老師只是一份工作、一個職業。

11.做事情態度懶散不精準：處理事情總是「明天、明天」或是「差不多、差不多」。

夫妻兩個對於阿根廷的結論卻是一致的。「看不到未來」他們說，對於自己是可以在此退休生活的，但是對於兩個小孩，他們很憂慮小孩在這種生活下成長會是沒有未來的。所以他們才想著要搬回台灣，目前卻卡在小孩子無法適應台灣生活，又因小孩子的中文程度勢必會讓他們有很長的陣痛期而暫緩。

【Argentina 阿根廷】在阿根廷Buenos Aires辦理巴西簽證

由於我的護照和阿根廷簽證在阿根廷被偷了，所以導致我的巴西簽證整個延宕，好不容易拿到我的新護照，又開始我的巴西簽證之旅。

準備的資料如下：

1. 護照正本。（會扣留）
2. 大頭照二吋二張（一張貼在申請表上，另外一張收走）
3. 出境、入境巴西的機票或巴士票
4. 財力證明、信用卡正、影本（正、反面）
5. 抵達巴西第一天旅館訂閱紀錄
6. 網路預約所填寫的申請表單https://scedv.serpro.gov.br/frscedv/index.jsp
7. 網路預約時間的號碼http://www.conbrasil.org.ar/CONSBRASIL/visas_otros01engl.asp

P.S.話說我去的時候，他根本沒有理睬我這張紙，可能那時候申請的人不多吧？之前看到有人說必須先填寫完申請表格才能預約時間，自己實際操作了下，發現這兩件事情是可以分開進行的，時間是可以在表格填寫完之前先預約的。

8. 警察筆錄證明（Optional）：這是因為我護照和阿根廷VISA被偷了，怕因此無法入境巴西，所以帶著當時VISA和護照被偷時的警察筆錄，VISA沒有被偷的話，是不用擔心的。

9. 阿根廷VISA正本：（我的是影本，因為正本被偷了）

我在6/26起個大早（深怕有什麼萬一，可以及時補救），在早上九點多浩浩蕩蕩帶著一堆資料前往巴西大使館VISA辦事處，巴西辦VISA的地方跟巴西大使館是不同間的。

地址：Carlos Pellegrini 1363 5 piso, Buenos Aires

心中想著現在是萬事俱備，只欠東風了吧！之前看到別人悲慘的經驗，還必須要跑移民局，我看到覺得他們好慘，為了簽證搞得一團亂，我心想我應該不會發生這種事情吧…？

到了五樓，發現申請旅遊簽證的人並不多一下就排到我了，我就把我的資料一份一份的遞交給櫃台小姐，我擔心的是我沒有「真正」入境巴西的巴士票，因為我打算從Puerto Iguazu, Argentina 到 Foz do Iguacu, Brazil，從瀑布跨越邊境，可是我問遍所有在Buenos Aires的國際巴士公司，他們全部都說這兩個地點距離太短，我們有巴士服務，但是你必須到Puerto Iguazu才能買票，我們這裡無法訂票。

還有一個特別還跟我說：他們之間的距離才一公里耶！~~所以我絞盡腦汁想怎麼彌補這短短的一公里，我只好寫信給伊瓜蘇的旅行社，讓他們回信說可以前往巴西的服務，再把對話列印出來，看能不能闖關成功…

櫃台小姐看了看資料，一份一份的檢查後，他看到旅行社的mail對話，跟我說：這是什麼？我就說：「這是我要前往巴西的旅行社對話，他們有前往巴西的接送服務。」櫃台小姐回說：「這不是票啊？」我就說：「可是我問遍所有巴士公司，他們說不賣這兩個之間的車票，距離太近了。」小姐回說：「不行，所有人都有提供票，你也要提供票。你必須提出證明你要去巴西，到達Puerto Iguazu也可以。」我說：「如果是從Buenos Aires到Puerto Iguazu的巴士票，我沒問題，今天就可以買到。」巴士票終於可以解決了，他後來發現我的資料夾的警察筆錄，突然說：「這是什麼？」我就說：「恩…因為我的護照和阿根廷VISA被偷了，所以這是我離開阿根廷的資料。」他看了看內容，對我說：「這張沒有用，你要去移民局跟他們調出你的入境證明，因為我現在只從你的VISA影本看到你的申請日期，沒有你的入境時間，這樣算起來，你已經非法居留了，你必須要證明你在阿根廷是合法居留，我們才能申請巴西簽證給你。」我心中的OS：什……麼……！！！？？？？她透過眼鏡看著我說：「所以你現在要提供的資料是：去巴西的巴士票和入境證明。不用擔心，你還有時間，我們開到下午一點喔~」我就問說：「請問移民局在哪呢？」他就給我了一張紙，上面寫了一個地址：Av. Antartida Argentina 1355

突然覺得這個地址怎麼這麼熟悉，這個地址就是之前看網誌別人悲慘的經驗中有寫到啊！！！！我現在要去相同的地方了…巴士票好解決，去巴士站買就可以了，現在要解決這個未知的入境證明啊……

跳上計程車前往移民局，看到一棟一棟的建築物，全部都充斥著西班牙文，也辦不懂裡面是在辦理什麼證件，只好硬著頭皮隨便進了一間，裡面滿滿的人，每個人都在排隊，我就排了一個最近又最短的隊，因為我根本看不懂！結果我跟櫃台小姐用破爛的西班牙文加英文加比手畫腳說我的護照和VISA被偷了，我要辦入境證明。又給他們看了警察筆錄，結果她看了筆錄後，很努力說了一些簡單的英文，給了我一張號碼單，我大概知道是：我要辦理的資料在第六棟，還不是這一間，她要我去那邊。所以我又趕緊遷移到第六棟樓，好不容易等到我後，我一開口問她會不會說英文，想當然而給我了回絕的動作，我只好又很努力地跟她解釋我現在的狀況，不過她真的無法理解，請了另外一個人來，我把我的舊護照影本、新護照和警察筆錄給他看，跟她解釋說：「我在申請阿根廷簽證時，是用我就護照的護照號碼，請她幫我找出我的入境資料。」他就看著我的舊護照影本，Key入號碼，我就看到她不知怎麼搞的，一直按錯數字，試了幾次後，結果就跟我說：「我很抱歉，我們找不到妳的入境資料，你必須要尋求你國家的大使館。」我整個傻眼，我心想：入境證明又不是台灣辦事處可以證明的，你們不能辦到，誰可以辦到啊！！！？？？還好我在辯白的過程中，終於那位小姐找到我的入境證明了…（心中的OS：我真的快被你們搞死哩…）她就印出來給我一張紙，上面顯示我在5/27號入境，由於我是單次簽，只能停留45天，所以我必須在7/10前要離境，我也沒有付任何錢，我就跟她說：就這樣？她就說：就這樣~

終於搞定了這兩樣資料，又趕快趕回巴西大使館，我給她看入境證明後，她就把這張紙拿到後面去跟同事討論，我跟他說移民局就只給我這張紙，說可以證明我的入境時間，我買的巴士票是7/2號前往Puerto Iguazu，他看了看我的財力證明，問了一句我無法理解的話，問：「你要怎麼證明你的錢是怎麼來的？」我聽到一個頭兩個大，我回說：「這是我的戶頭，因為我工作賺錢？」他拿著我的財力證明走到後面跟同事討論後，又默默回來key字，他問說：「你的職位是？」我說：「恩…因為我離職出來旅行，所以我現在無業。」他就說：「不行，我必須擺個東西在上面，你的職業是什麼？」我就說：「可以放家庭主婦嗎？」他問說：「你結婚了嗎？」我回：「還沒耶！~」他就說：「那就不行你必須要給我一個可以擺進去的東西。你之前的職業是什麼？」我就說：「在電腦業上班。」他就回：「那我就說你在公司上班，現在休息一年出來旅遊。」然後自己很開心地在電腦上面打字，說：「Okay! 我們今天會把你的資料傳到巴西去，由於你的國家比較特別，通常最多花十天工作天的時間，巴西那邊什麼時候回覆，我們不知道，但一但有回覆，我們會通知你，妳就過來繳交簽證費用，我們花一天工作天把簽證給你。」我大驚：「十天！！？？可是我的巴士票是下禮拜二耶？有辦法下禮拜拿到嗎？」她回說：「我們不知道。」我問：「那我可以打電詢問進度嗎？」她回說：「我們沒有電話諮詢，我們也不知道進度。」我又問：「那我可以訂個時間點，禮拜五或是下禮拜

巴西簽證，Get!

一來詢問嗎？」回說：「我們也不知道進度。」一整個就是鬼打牆，我只好沒落的離去了，護照又被扣押住了。

當天晚上，我算了算我必須要離境的時間，剛好跟領簽證的時間衝突到，這樣如果我十天到了，同時巴西簽證領證失敗，我就是正式非法居留在阿根廷了，感覺有賠了夫人又折兵的感覺，害我有點像是熱鍋上的螞蟻，這種不知道沒有期限的等待，真的很令人難受。

隔天我又衝到巴西大使館，哈哈哈哈！~~結果她一看到我的表情，其實我蠻想笑的，應該就是想說怎麼妳又來了？？我就只想跟他說因為我的簽證快過期了，如果我沒辦法在時間內拿到簽證的話，我可能要取消我的申請，他又說：

「你來沒有用，昨天我們已經把你的資料傳給巴西那邊了，接下來只能等待了。你如果想要取消你的申請，隨時都可以來領取。」結果另外一個辦事人員老奶奶走來，跟我說：「不用擔心啦！～明天就會有回覆了～～」就默默地消失了～

星期五（06/28）一大早，我的旅館就通知我巴西大使館打電話來要我去接聽，結果是通知我巴西方面已經確認簽證了，要我今天去繳錢，下禮拜一（07/01）就可以去領證啦！！～～太開心啦！！～～

繳費的銀行地址：Av. Santa Fe 831（離大使館很近，走路五分鐘內可以到）

雖然過程有點錯綜複雜，不過最後還是拿到我的巴西簽證啦！！！～～差一點要放棄巴西這個國家了說…

【Agentina 阿根廷】整裝再出發

2013/07/05日誌：

雖然在Buenos Aires一開始是非自願性的停留，到現在已經待了二十七天了，在這裡受到大家的幫助，每天無所事事過著悠閒的日子，每天早上期待沾著Dulce de leche（牛奶果醬）的麵包配咖啡，慢慢習慣了慢步調的生活，明天終於要出發到下個地點了，高興終於行程開始移動了，但同時卻因為離開這裡感覺有點不捨啊！~~

在阿根廷的每一天開始

當地的瑪黛茶Mate，吸管有孔可以直接喝

【Brazil 巴西】衝進伊瓜蘇瀑布！

2013/07/07日誌：

終於來到這個熱情的國度！巴西！伊瓜蘇瀑布的Coati（浣熊）好可怕！會攻擊手上有拿食物的人類。P.S.抓破了我的洋芋片袋子！！我壓根子沒有想給這些傢伙吃！特別申明想來這裡遊玩的民眾，這些小動物真的很危險，牠們的爪子超級尖銳，到處都有立牌說不可以餵食給這些可怕的小動物，但是還是看到很多遊客會拿洋芋片或是其他的食物餵牠們，所以牠們現在只要看到人類手上有拿食物或是聽到打開包裝的聲音，會馬上從一隻變到二十幾隻衝到你面前要抓你的食物，一隻小動物很可愛，一整群小動物就會可很怕，我就看到遊客很多被抓傷，才趕快把手上的

準備要搶奪食物的浣熊

這就是「春光乍現」梁朝偉所站的場景，光是站在這裡全身都被淋濕了

士力架丟掉，如果要吃東西，請一定要在有門擋住的室內，不然後果就是被抓傷，然後工作人員趕快拿掃把把牠們趕走。但其實動物都是無辜的，都是人類寵壞的，導致牠們變得如此有侵略性，超級危險的小傢伙！

雖然Coati很危險，但不是我要講的重點，重點是瀑布啊！世界三大瀑布之一，北美的Niagara falls已經去過了，這次要來見識Iguazu falls，之前光是看照片，就覺得很壯麗，比起北美的更有層次感，也廣闊多了，之前就已經心神嚮往，現在到這裡一定要來見識見識，從遠

處看的時候就已經感覺身體會被瀑布的水噴灑到，何況近看？北美的Niagara falls說從加拿大端看漂亮許多，而Iquazu falls也有類似的說法，從巴西端觀看會比較壯觀和全面，但其實我覺得不管是從阿根廷或是從巴西看，各有各的樂趣，阿根廷端可以直接走在惡魔之喉上，還可以乘著小艇衝進瀑布中，各有自己的遊樂設施，所以不管從巴西端或是從阿根廷端都不會遺憾！

【Brazil 巴西】陽光、沙灘、貧民窟，上帝之城長什麼樣？

從Foz do Iquassu坐飛機到Rio de Janeiro（里約熱內盧），一下飛機後馬上搭乘計程車前往旅館，第一個映入眼簾的是滿滿的貧民窟和走在高速公路上賣衛生紙的巴西人，讓我想到"City of God"（上帝之城）的電影情節，一直不斷迴盪在我的腦海中，為什麼這裡的貧民窟這麼的有名？因為貧民窟離我們好近啊！！～～一般的貧民窟都是在郊區，或是平常不會走到的地方，但是這裡的貧民窟，可能你隨便走走，就很有可能誤入。在國際機場到達市中心的路途中，有很長的一段高速公路兩旁聳立著高高的圍牆，一開始以為像台灣一樣隔音用的，後來了解後才知道是擋子彈用的！！在圍牆還沒建立以前，兩旁都是貧民窟，時常會有貧民窟的流彈打中高速公路的行經車輛，所以市長就下令建起了高牆，防止車輛被流彈打中。這真是驚人和消極的做法，可凸顯出來這裡貧民窟的勢力有多強大。

在參觀耶穌像時，被一起搭乘小火車的觀光客告誡盡量避免任何可能會發生的事情，所以他目前身上只帶著少許現金、一瓶水和一隻手機，沒有了，不帶相機，也不背包包，他看著我的手錶，跟我說，連你的手錶，他們可能都想要拿走，你最好不要戴，我聽到都傻眼，我這隻手錶不貴啊……他跟我說他注意到這裡的人都不太戴手錶的。可是是真的因為這個原因嗎？還是因為他們不是很在乎時間？不過，我還是小心為上，默默的把手錶從手上摘下來放進口袋裡。

在Rio de Janeiro的期間，我發神經病的把有關里約熱內盧的電影都拿出來看一遍，我看了「上帝之城」（再看一次）、「中央車站」、「精銳部隊」、「精銳部隊：二」，四部電影裡面有三部在講貧民窟，話說這裡還有可以讓你參觀貧民窟的行程，也是一絕了。雖然相較於中美洲而言，這裡的治安可能還比較安全（看地區），但是仍然要小心，很難想像在美麗沙灘的隔沒幾條街，就是貧民窟的所在地。雖然照片看起來這裡根本是炎熱的夏天，不好意思，我想告訴你，現在巴西正值冬天，當天溫度：攝氏29度，如果巴西人一輩子不出國，是不會有機會看到雪的。台灣在冬天時，高山上還是可以看到少許的雪。

里約熱內盧，除了沙灘、貧民窟，還有有名的

被都市建築圍繞的貧民窟

陽光、沙灘、比基尼

甜麵包山和耶穌像，住在同個旅館的人就相約一起去甜麵包山，上去的方式有兩種：一個是爬到第一座山上，再搭乘纜車到第二座山上，這個選擇會比較便宜，但時間未知，而第二種方式就是直接從地面上就搭乘纜車到第一座山上，再搭乘到第二座山上，這種方式快速又方便，當然，價錢就比較貴囉！同行的美國人想自己爬到第一座山上再搭纜車，而我和另外一位韓國女生，想選擇直接搭乘纜車，我的腳因為之前走路走太久且姿勢不良，走路腳常常隱隱作痛，每次下床腳一踩到地就痛不欲生，只好開始控制我走路的時間，以免傷腳踝，而在阿根廷又摔倒而手臂扭傷，那時候的我幾乎是半廢人一枚。我們在路上攔人詢問爬第一座山要花多久時間？得到的回應是半小時就可以到山頂了，

甜麵包山

耶穌像

我們就想說：那還好啊！那我們就先搭纜車上去，在第一座山等你們好啦！結果我和韓國女生不到五分鐘就抵達第一座山頂，在上面晃了好久，我問韓國女生說：「已經超過半小時了，他們卻還沒上來，還是我們錯過了？」韓國女生說：「不可能啊？這裡不大，不可能錯過才對，還是我們等到一小時，如果還是沒看到他們，我們只好直接到第二座山頂了。」一小時過後，還是沒有見到他們，我和韓國女生就搭乘纜車到第二座山頂，晃了一圈，卻也沒有看到他們的身影，兩個人充滿了疑惑和無奈，就只好自己兩個人逛完甜麵包山就回家了，隔了好幾個小時，我們就看到美國人回來了，我們問說：「你們去哪裡了啊？我們等了至少一小時以上，可是還是沒有看到你們，是發生什麼事情了嗎？」美國人回說：「天啊！這座山比我們所想像的還要大，我們花了一個半小時的時間才抵達了山頂。我們到山頂的時候，已經看不到你們了。」這個故事告訴我們，不要輕易相信別人說的話啊！～就像我之前輕信復活節島的旅館老闆的話一樣。

在街上常常會看到躺在地上的人（不是在曬日光浴），身上蓋著麻布袋，頭旁放著塑膠袋，一開始我還以為是屍體，嚇了我一大跳，不過看到從他身上流出了不名液體，並散發著尿騷味，我相信他應該還活著。

里約熱內盧，真是一個充滿驚奇的地方。

【Brazil 巴西】什麼事都會發生，什麼都不奇怪

2013/07/11日誌：

第一天到達巴西，得到的見面禮：公車司機罷工。第一天抵達里約，得到的見面禮：停電。一開始我詢問公車站為什麼不賣票不發車的時候，他只跟我說：「不開了！」我丈二金剛摸不著腦袋默默走回旅館，剛好遇到準備要出發的聖保羅情侶，我跟他們說公車不發了，不是很清楚原因，但是就是不發車了，他們一聽到說怎麼可能？就親自再帶我一起去公車站，結果他們一看到布條，懊惱的說了一句：「罷工！」在進入巴西的時候剛好碰上巴西政府漲搭公車費用，巴西各地全面性的罷工抗議，由於巴西正在準備世足賽，花了非常多的費用在建設，但是一直目前為止，這些設備都仍還在建造中，又會造成市民困擾，導致一連串市民的不滿，認為世足賽只會帶給他們負擔，而不會帶給他們財富。民怨積怨已久，後來我們直接在公車站附近尋找一起要去伊瓜蘇瀑布的觀光客，一起共乘計程車抵達，在這種非常時刻，也只能換個角度想事情啦！山不轉只能路轉，路不轉只能人轉囉！~從瀑布回市區的期間，心想著公車會不會來，會來，不會來，數到花瓣都謝了，看著一堆人在公車站呆站著，我決心直接攔人共乘計程車，我越來越覺得人不要臉，天下無敵，我看到一對情侶要搭計程車，

公車站罷工

直接殺過去詢問說我可不可以跟你們共乘？載到你們旅館也沒關係，只要能到市區我就可以自己回去，我可以跟你們分錢。這對情侶好像有點嚇到，不過還是非常熱情地讓我上車載我到他們下榻的旅館，我看到他們下榻的旅館，啊哩勒！~根本是五星級旅館啊！~結果他們說：「你不用付錢了，反正我們原本就是要在這裡下車的。」我心中想：怎麼這麼好！！~我就搭了一趟免費的接駁車回到市區，到處都有好心人！（應該是很難遇到我這種不要臉的人吧！）

抵達里約熱內盧的第一天晚上，旅館就停電了，不只是旅館，連四周一片漆黑，一直延綿到好幾個街口外，聽到不少怒罵聲和叫囂聲此起彼落，看到對面街口空地竟然開始生火，幾個人圍在火堆開始聊天，這是巴西人生性樂觀嗎？沒有電，就沒有網路，對於我這個阿宅宅而言，真是痛苦極了，大家只好在房間打屁聊天，有幾個受不了就直接搭車到遠一點的地方喝酒聊天，隔了好幾個小時，突然電恢復了，聽到街上立刻爆起了歡呼聲和鼓掌聲，但這個驚喜卻沒帶給我們多少快樂，不到幾秒鐘，又停電了，剎那間又聽到四周出現更大、更多的嘆息聲，我心中卻不免微笑，充滿樂情活力生命的巴西啊！~

【Brazil巴西】有趣的日本人

在里約熱內盧看完了耶穌像回程的小火車上，碰到一位日本人，一開始跟我講了日文，我只好跟他說不好意思，我不是日本人。（學了一學期的日文還是殘念！）他道歉後開始跟我用英文聊天，他是在日本工作後離職，一個人隻身前往巴西念書，我跟他說我現在在旅遊，已經五個月了。他一聽到，很吃驚的說：「五個月！？」我說：「是。」「五個月？」「是的。」「五。。五個月？？？？！！！！」最後我說：「Okay! Okay! 你已經重複好幾次了。。。。。」他回說：「如果你是我妹妹，我一定會宰了你！」我就說：「你也一個人跑到這裡來念書啊？」他說：「不一樣，妳是女生！」Anyway，他講了一段話讓我蠻印象深刻的，他說：「之前我喜歡自助旅行，證明我自己很獨立自主，但後來發現，當在旅行中，你感覺到快樂，是因為你知道你永遠有個家可以回去，但如果你是完全沒有目的地的流浪，那是非常感傷的。」我覺得這段話說的不錯，送給所有喜歡旅遊的人。

【巴西 Brazil】錢啊！我該拿你怎麼辦？

在這趟旅程中，常常覺得人身安全最重要，但真正碰到沒有錢的時候，會讓人焦急到發瘋，這不是發生在厄瓜多被偷錢包的時候，也不是在阿根廷被搶背包而導致我的護照和相機丟失的時候，差點壓倒我最後一根稻草的時機，其實是發生在剛進入巴西的時候，那時的我，身上的資金只剩下一張金融卡和300元美金現金，沒了，而那時我還計畫著之後五個月的行程。一直保留300元美金不動的原因是讓這300美金成為我的保命現金，可是後來想想，其實9000塊台幣，買張機票好像也不能夠飛到哪裡去。一到了旅館，因為身上沒有任何的巴西幣Real支付旅館費用，詢問旅館櫃檯哪裡有ATM可以取錢？櫃台跟我說附近的超市有好幾台。當我走去超市後，看到了四、五台ATM在那，心中的憂心減了一半，想說取的了錢就好，卻沒想到，不知道為什麼，我的卡插入後，等了一陣子，顯示了一個大大的禁止標誌，然後寫了一堆葡萄牙文，我的卡就被退出了，我再試了其他台，也都是差不多的狀況，雖然我的外表可能感覺不出來，但是我的內心非常慌亂，我沒辦法領錢，不知道是卡的問題還是ATM的問題，最糟糕的狀況就是我的卡是不能用的狀況，我的身上財產就只剩下那區區300塊美金，我覺得我的腦袋要炸了，神經都快斷光光，光是支付旅館的費用就會花掉不少，剩下的錢我要怎麼運用，要開始打工賺取旅費了嗎？我的行程會因此有重大的改變。我可以承受一次打擊、兩次打擊，但我害怕的是，我是否還能承受第三次或是第四次？讓我真正一無所有的時候，我只能在心中吶喊：

「老天！不要這樣玩我！！」

先趕回旅館打電話給銀行詢問卡片本身是不是被停用或是消磁等等什麼問題，結果得到的消息是銀行那邊運作是正常的，所以是我這邊ATM或是當地銀行有問題，當我描述我用了不同的五台ATM都無法提取現金時，電話的另一邊也只能像NPC一樣回覆相同的答案，我只好再跟旅館櫃檯詢問這裡有沒有跨國的銀行，我的壓箱寶只剩下他了，再領不出來，我就哭哭了，跨國銀行有兩個好處，第一個：他的語言可以選擇英文。第二個：他所支援的卡片更多元。當我走到匯豐銀行（HSBC）的ATM前操作，看到英文介面就讓人心安了點，終於聽到機器在數鈔票的時候，那時的我真的覺得，錢！！！真的他X的很重要！！！！眼淚都要滴下來了！

【Brazil 巴西】趁年輕出來自助旅行

在旅途中碰到最眾多的背包客年齡差不多在十八歲到二十三歲之間，這兩個歲數剛好是高中畢業和大學畢業的歲數，也是所謂的Gap Year的時間，他們會給自己幾個月或是近一年的時間到處旅行，有的人獨自旅行，有的會結伴，兩個女生或是一對男女，我看著他們，心想著我十八歲的時候在幹嘛？當然我相信他們的金錢來源可能不是全部出自於自己，父母的經濟支持應該是有的，在經濟許可的狀況下，我覺得讓小孩獨自旅行或是結伴自助旅行是一件很不錯的事情。

1. 學習獨自理財：因為住在Dorm裡，常常看到兩個年輕女生一起旅行，晚上時就看到他們在算帳，今天買了什麼多少錢？每天要控制在多少錢內，如果花太多了，就不要參加tour，留在旅館裡面或是到處走走就好，我想想我這個魯蛇，在十八歲的時候，才不想要一筆一筆算帳，對於金錢觀沒什麼概念。而且他們可以了解匯率、匯差，怎麼樣算貴？怎麼樣算便宜？之前一直覺得已開發國家的背包客一定都錢多多（我相信還是有），後來發現他們真的很精打細算。

2.學習獨自做規劃並決定：我相信這個是很重要的一環，哪些事情要做？哪些事情不要做？哪些事之後再做，看到他們常常會互相討論，然後做出決定，誰對此決定也不會抱怨，因為這是討論出來的結果。我相信在台灣，許多人到十八歲時，仍然是由家長在做決定並規畫未來。

3.學習和人相處：因為和朋友出來玩，一定要學習相處模式，常常許多人說旅伴很重要，因為有些人是吵架收場，但是目前我看到外國人沒有吵架的樣子（或許我見太少），而在旅途中一定會遇到來自世界各地的人，如何相處也是很重要的。

4.吸收國際觀，增廣見聞：出來旅遊，除了到各個地方了解風俗民情，也可以透過和當地人互動，或是跟其他旅友交流了解更多世界觀和不同的概念。

5.學習面對問題並解決：在旅途中並不是事事都順利，一定多多少少會碰到不如意的事情，要如何面對和解決，我相信這也是非常重要的課題，可以了解到抱怨不是唯一的解決之道。不管是金錢上或是安全上。另外要學習妥協，如何在有限的資源下，取得最好的結果，像是做菜，沒有砧板，用塑膠袋代替，沒有火柴，用紙板替代。

6.了解自己：（這點保持存疑）我相信很多人出來旅行只是吃喝玩樂，不會想太多，他們對於未來的下一步可能還是惶恐未知的，但也遇到許多對於未來已經有許多想法並正在執行的人，所以這個選項保持存疑。

我很羨慕他們能在十八歲的時候就已經在學習這些技能，因為我相信這些技能可以幫助他們在社會中生存，而不是等到出社會後才在挫折中成長，又或者因此根本無法適應社會。

【Brzail 巴西】台灣英文普及度

說實在話，常常經過鄉民的洗腦，我心中深刻的覺得台灣的英文普及度非常高，各個年輕人都是強者我同學，年輕人或多或少會說上幾句英文，非常有求知慾想和外國人溝通，但是在一次和德國人的對話中，把我的想法完全都打破了。

對話是這樣的：

德：「妳是哪裡人？」

我：「我是台灣人。」

德：「真的嗎？我前幾年去過台灣，但卻是不好的經驗。」

我好奇的問：「是發生了什麼事情嗎？」

德：「我其實要去紐西蘭，在台灣轉機，停留兩天，我覺得應該要住在離機場附近的地方，所以沒有選擇住台北，我住的地方我記得叫做Chungli。」

我想了一下，喔！中壢~他發音蠻標準的，想必這經驗真的印象深刻。

德：「結果我到那裡後，發現一件很糟糕的狀況，我想要尋問去機場的方式，可是沒有人會說英文，我卻也看不懂和聽不懂中文。」

聽到這了，我真的超吃驚的！我覺得這種狀況不太可能會發生。

我：「你有找年輕人問嗎？通常年輕人比較會說英文也敢說。」

德：「是的。我也這樣想，所以我找了十六到十八歲的人，但是還是不行。他們太害羞而不敢說英文，就一直說no no no…就離開了，最後是一位老先生帶我去搭車，在這過程中，這就像夢魘一般！～太可怕了。這是我第一次覺得處於語言不通又求助無門的狀況下。」

我：「這真的是一個不好的經驗，我覺得很抱歉，如果住在台北，會說英文的人應該會很多，比較不會發生這種狀況了。」

德：「這讓我學到，如果下次去台灣的話，我會選擇台北，而不是其他地方了。」

我心中很震撼，我的觀念被他打破了，原來我所想的未必是正確的，他所碰到的狀況，可能剛好強者都在忙，沒空！不過卻是真實的案例啊！

【Brzail 巴西】小偷×強盜×罪犯

在自己經歷過被偷竊的經驗後，對於偷竊和搶劫的的行為非常的無奈與痛心，當我把我的經驗與其他背包客分享時，才發現其實幾乎每個人都有過被搶劫或是偷竊的經驗。

案例一：

在厄瓜多遇到一位當地人，她說她也有過在公車上被偷竊的經驗，當時背著背包，人潮擁擠，結果當她下車時，才發現她的背包被人刮破了，背包裡的東西全部都掉光了，當然裡面的東西也都不見了。

案例二：

一位加拿大人跟我說他住在哥斯大黎加的旅館，有兩位瓜地馬拉人入住，也付了住宿費用，趁大家都不在的時候，開始一間一間的洗劫，她的錢和電腦相關物件都不見了，小偷還有時間挑選哪些是他要哪些是他不要的，因為小偷留下她的信用卡和護照，其他的都不見了，旅館主人為了補償，免費讓她住宿一個月。

案例三：

一位奧地利人在瓜地馬拉被搶劫，在街上直接被人推到牆上，把身上的錢包拿走，他身上的信用卡和一些現金都沒了，由於沒有信用卡，只能停留在當地等待新的信用卡，所幸是剛好他在瓜地馬拉學習西班牙文一個月，有時間做緩衝。

案例四：

在智利碰到兩位華裔加拿大人，在旅館時討論要租車南下，沒想到離開旅館兩天後，就接到消息說他們睡在車上時被搶了，有兩位男子在清晨四點左右敲破他們的車窗，把所有東西都搶走了，幸運的是護照和信用卡因為放在隨身腰包上才沒有被拿走，只剩下一支強盜遺漏的智慧型手機可以聯繫。

案例五：

一位愛爾蘭人在智利的機場，發現自己放在大型行李的錢包被偷走了，懷疑是機場人員所為，可是也沒有證據。

老實說聽到這些消息真的很讓我沮喪又難過，我們並沒有做錯什麼，也不是有錢人，只是喜歡旅行，雖然常常大家都說出門在外，小心再小心，可是有些事情卻是無法避免的，我們只能將傷害降到最低，安全最重要。

歐洲：第三站

Europe

【Spain 西班牙】鬥牛！佛朗明哥！海鮮燉飯！

在旅途的第五個月後，我終於到歐洲啦！！！說實在話，雖然我很喜歡南美洲的大山大水，但看到光鮮亮麗的機場，交通和觀光資訊非常清楚明瞭，我真的有鬆口氣的感覺！呼…我終於到歐洲了！走在馬德里的街道上面，雖然仍是講西班牙文，但是非常現實的，實際感受就是不同啊！我發現我的路線一開始就挑戰重量級的，之後才走到輕量級，根本是越級打怪！哈哈哈！不過一開始的困難都克服了，後面就是小菜一碟了啊！進到旅館後，連鑰匙都升級成電子鎖，我頓時像是鄉巴佬一樣，原本的合宿可都是不能鎖門的啊！

說到西班牙，就會想到鬥牛，佛朗明哥還有海鮮燉飯！但是鬥牛一直是我心中的痛，在墨西哥的時候錯過，結果在西班牙的時候也還是錯過，一錯再錯步步錯，之前在電視節目上看過鬥牛的介紹，並不是每一隻公牛都像面畫中這麼憤怒會去攻擊人的，牠們是被人故意激怒才衝來撞去的，而鬥牛士會一開始丟擲長茅被公牛的背上，一次兩支，各插在公牛的左右身體，公牛身體受傷了，很痛的跑來跑去，看到鬥牛士又在挑釁牠，就會直直接衝過去，但是只會讓身上再多兩支長茅，鬥牛士總共會投擲三次，那時候公牛的動作已經趨於遲緩，就看到鬥牛士拿出一把長劍，從牛的脊背直直刺入牛的

好吃的海鮮燉飯（Paella）

身體，直達心臟，公牛就慢慢地倒下來，慢慢抽蓄著，最後拿一支匕首，刺入公牛的脊髓，公牛就不會再動了。也許上天不讓我看著麼殘忍的活動，我就放寬心了～

對於舞蹈細胞為0的我，真的是0，我在高中舞蹈課全班最低分，所以讓我印象很深刻。阿根廷的國舞，Tango就像是兩人黏在一起做出非常複雜的動作，而且腳還必須要不斷地踢來踢去，但是每個動作都必須要盡全身的力量，而到了西班牙，看了佛朗明哥舞蹈，敲著鼓和拍著響板和手，就可以創造出這麼有韻律和力量的舞蹈，不時還被舞者的汗水灑到。。。但是不管在哪裡，都可以感覺跳舞的人對於舞蹈的喜愛，可以從舞蹈中感覺出快樂！～我覺得不管是什麼舞蹈，自己感覺到快樂是最重要的。

而西班牙的食物，莫過於海鮮燉飯了，在台灣時，我並不常吃海鮮燉飯，總覺得上面一定要蓋滿滿的起司，後來發現我的刻板印象大錯特錯！第一個我想的不是燉飯，是焗飯，我也搞不太清楚燉飯和焗飯的差異，只會覺得就是差不多的東西，第二個即使是焗飯也未必會蓋滿滿的起司。燉飯怎麼做啊？來這裡才發現學問可大著，還有不同口味的燉飯，我看到當地人直接將菜和肉先放在平板鍋煎過後，直接放大量的生米下去，生米耶！？好特別喔！再進行翻煎，然後再撒上一樣非常重要的東西，番紅花粉！然後加水把米覆蓋住，再放上新鮮海鮮，然後就慢慢地用小火讓水收汁，就完成了，感覺好像很簡單耶！？還是我有錯過什麼步驟？但是看起來就超好吃的耶！讓我吃過一次之後，就對它念念不忘。

【Spain 西班牙】Granada – Alhambra 阿蘭布拉宮，一定要去的地方！

旅行到一半，發現行程的規劃越來越鬆散，短時間的旅行，可以規劃去哪個點、坐哪一班車、吃哪間餐廳、住哪一間旅館，都可以鉅細靡遺地列出來，但是如果超過一定的時間的旅行，很難面面俱到的把計畫沙盤推演出來，那怎麼樣才能在最短的時間得到最新的資訊呢？查詢tripadvisor看哪個觀光景點排名第一嗎？當然直接詢問去過的旅友啦！

到了歐洲後，我的腦海是一片空白~只心想著終於到歐洲了，住在馬德里的青年旅館裡，詢問了一位到西班牙教英文的美國女生，她很自豪地說出她幾乎去過西班牙所有的地方，我問她說：「那有沒有推薦的地方呢？」她說：「可以去的地方太多了，但是我會推薦Granada，而且你一定要去Alhambra，那裏實在是太漂亮了！你一生一定要去過一次。」Alhambra？沒概念，馬上開啟電腦查詢Alhambra的資訊，喔喔喔！~感覺還真不錯耶？她又說：「你要早早下定他的門票，每天都會限制人數，票很容易賣光，你最好前一天就到當地買！」這麼搶手啊？我馬上訂了前往granada的車和入住的青年旅館，準備前往Alhambra，Granada雖然不是像Madrid這樣的大城市，但是多了一份異國風情，Alhambra則是摩爾人退出西班牙前的最後一個要塞，充滿了阿拉伯式建築的風格，如果他的票這麼的搶手？要怎麼買呢？Alhambra位在Granada的山上，可步行上去或者是搭公車，但是光是買票就要爬上去買，也太累了吧？不用擔心！在市區內，有一間Alhambra專門店，裡面有一台電子售票機，在裡面吹冷氣就可以輕鬆買到門票，不用跑上跑下的。

長時間的自助旅行啊！什麼沒有，時間最多了，就想說我慢慢地走到山頂吧！沒想到走一走走錯路還不自知，一位騎著腳踏車努力爬上坡的當地人，還特別停到我面前問我說要去那裡？我就說：「喔！~我要去山頂看Alhambra」他回說：「喔！~你走錯路了，你要往回走，而且還有一大段距離喔！」之前聽過Alhambra可以逃票進去，但是以我這次進去查票的嚴謹度，逃票看起來是不太可能的事情了，因為每走一段路就會有人查票，想必之前真的逃票風氣很重。

市區內的Alhambra專賣店

Alhambra裡面詳細的資訊就不用介紹了，有興趣的人可以上網查資料，我只能說來西班牙，一定要去Alhambra，第一眼看到裡面的花園和建築，腦海中浮現的是古代七大奇蹟，巴比倫的空中花園，雖然從來沒有看過，但是我心想，如果現在還存在的話，應該就是像Alhambra的感覺了吧?雖然Cordoba和Sevilla也有類似都宮廷建築，各自有各自的特色，但是極致還是Alhambra，大器中帶有精緻，整個Alhambra很大，要抓緊時間參觀，而且參觀皇宮的地方還有特定時間，每個人要按照票上面所提供的時間才能進去，在時間點之前半小時就要去排隊，所以你就會看到長長的人龍，但是我去的時間是大熱天啊！~溫度高達攝氏40度，大家排隊就會有段差，有太陽的地方沒有人，有陰影的地方才有人排隊，每個人都跑去買冰淇淋吃，對了！其實我也蠻好奇的，我發現歐洲人只要是天氣熱，他們不是買飲料，而是買冰淇淋吃，但是我的話，天氣熱我第一想到的是會去買瓶可樂來喝啊！才能立即解渴。

Alhambra花園

【Portugal 葡萄牙】偉大的航道，我來了！

從西班牙的Sevilla搭過夜巴士抵達了葡萄牙的首都Lisbon，在這次的隔夜巴士之旅後，就發誓再也不要在歐洲坐過夜巴士了，因為歐洲不像是南美洲，每個點的距離都要至少八九個小時以上，常常一兩個小時就抵達下個點，而司機就要把大家叫醒下車，再不然叫大家下車上廁所，所以在這八九個小時，我根本沒睡好，因為西班牙跨葡萄牙就有一小時的時差，所以抵達Lisbon的時候根本是早上六點左右，連Metro都還沒開啊！！在睡眠不足又必須等待的時候，心情特別焦躁，我的旅館在火車站附近，所以我必須從客運中心搭Metro到火車站，再步行十幾分鐘，好不容易坐上捷運抵達火車站，我拿著旅館印給我的資料想想該怎麼走的時候，隔壁一位戴帽子柱枴杖的老先生拍了拍我的肩膀，叫我跟他走，他講了一串葡萄牙文，我心想：啊。。我可以自己找啦！~不過老先生就執意帶著我走，然後把我帶到了火車站的售票處，感覺有點意思是問我要去哪裡？跟售票員講，我只好跟售票員說我要去旅館，就在這附近而已，售票員幫我指路後，老先生還很吃驚的表情看著我，像是心想：啊？怎麼不是要搭火車喔？我跟老伯伯說謝謝後就離開了，老伯伯你太好心了！！！~~在心情很差的時候幸好碰上了好心人！以後如果沒有必要，真的不要再搭過夜巴士，真的是要人命，尤其是在歐洲。

BTW，我很想提到Lisbon這個爬來爬去的城市真是要我的命，我拖著二十三公斤的行李差點走到斷氣，一到旅館馬上倒在床上呼呼大睡。

第一天到達Porto，讓我眼睛為之一亮，有種驚豔的感覺，這宛如大航海時代的城市就出現在我眼前！不過，前提是路不要這麼的高低起伏，我拖著我那大行李箱在市區徘徊，為什麼徘迴呢？因為我快抵達旅館的時候，竟然好死不死的不小心誤刪了旅館的住址！！只好拖著大行李走來走去，看能不能連上無線網路查詢，想必我的行為已經過於慌張，隔壁一位年輕女生走過來，說：「你需要幫忙嗎？」我就趕快求助於她，我搞丟我的旅館地址，但是我還好還記得他們名字，她拿出她的手機幫我查詢，不過他好像也不是本地人，對於這裡的路名方向也不是很清楚，不過我藉由她幫忙搜尋出的地圖方位找到了旅館的位置，我真的很感謝這些願意在我有困難時伸出援手的人，我印象深刻的是那位女生在我感謝她的幫助時，她說到：「這沒什麼，每一個人都會有需要幫助的時候，所以我們要互相幫忙。」

Porto

【France法國】有友如此，夫復何求

從西班牙沿著海岸抵達了南法，在南法普羅旺斯遇到一位日本氣質婦女，通常我遇到的獨行俠都是年輕人，我一時之間很難理解為什麼會有一位中年女性願意獨自到國外旅行？詢問了一下，她有一個在念國中的兒子，現在參加童子軍不在家，她才可以趁這個時間出國，而她的先生，目前人在古巴也不在家，但是她兒子在四天後就要回家了，所以她必須在兒子回家前回去日本，我就問：「可是這樣你才來法國不到五天？這是為什麼？法國距離日本這麼遠？飛行時間就佔了一天。。？」她回答說：「我來見朋友的，他在Lyon唱歌劇。」我一聽到，哪尼？Opera?這是哪招？也太厲害了吧？我問：「唱法文嗎？」她回說：「對啊！唱法文！因為已經是最後一場了，所以我飛過來參加並跟他聚一聚，還帶了許多家鄉的食物。」看她買了一瓶法國葡萄酒，我就說：「這是為了要跟朋友相聚而買的嗎？」她笑著說：「才不是勒！這是我要帶回日本的，他在這裡不怕喝不到~」我覺得人生在中、老年後，大家都有各自的家庭，卻還有一位朋友願意從日本飛到法國只是為了看一場Opera與你相聚，一生就值得了！。。。。。

【France 法國】薰衣草？向日葵？只知道我隆河走了九遍～

有朋友問我說，到法國時有沒有去塞納河走走啊？我想了一下，這次塞納河沒有走，倒是隆河走了不知道幾遍。。。先講隆河吧？隆河？在國中還是高中的地理背過，是法國五大河流之一，唯一一條流向地中海的，看起來好像很厲害，可是出名也沒有塞納河或是萊茵河出名，也沒有左岸咖啡館。而我在法國第一個點為亞維儂，為什麼是亞維儂呢？對於亞維儂的記憶，只有當初有名的亞維儂之囚，又稱為巴比倫之囚，教宗被迫從梵蒂岡遷移到亞維儂，在這裡近於被囚禁了七十年，讓教宗的地位在歷史上受到非常重大的打擊。恩。。。好像也沒有很厲害，那幹嘛選這裡？很簡單，只因為這裡剛好是我路過的輻輳之地，剛好在普羅旺斯的中心，所以去附近的景點都很方便，不過我去的時間點，薰衣草全部都已經收割了啦！～也看不到什麼鬼了。。。

抵達這裡的時候已經是旅遊的旺季了，對於旺季卻無防範意識的我因此犯了一個大錯，從旅途開始到現在，我都是且戰且走的態度，今天才訂明天的旅館和行程，每到一個地方，先訂個兩、三天，再看看要不要繼續住或是離開，這樣機動性也比較強，沒想到，在亞維儂這個小鎮，栽了一個大跟斗，我原先只預定了三天的旅館，結果我原本打算再多住一天，沒想到旅館給我的回覆是：「不好意思！沒床位了。。。」我就問說：「可以推薦其他旅館嗎？」回說：「恩。。。對岸可能會有旅館。。」What？對岸？隆河對岸嗎？那已經是另外一個鎮了耶？！我真想罵幾百萬個更。。而我也才知道原來每年的七月份亞維儂有一個非常盛大的節慶叫做亞維儂藝術節，世界各地的人會湧到這裡觀看來自世界的藝術表演，一天內會有非常多場，你必須先安排好你想看的表演地點和時間，一個表演結束後再趕去另外一個表演，你必須要非常熟悉這裡的路線才不會迷路，即使是在這裡土生土長的人，在這種關鍵時刻也必須拿個地圖才能確保不延誤時間。我抵達亞維儂時已經是節慶尾聲了，但是觀光客還是非常的多！我不死心地用旅館的網路拼命的查，第一次看到網頁裡面是空的，唯二的兩間，一間是只剩男生房，一間就是在對岸。可惡！又不能偽裝成男生住到男生房，在萬般無奈之下，只好訂了對岸的房間，隔壁也在用電腦搜尋旅館的加拿大女生，我問他說你也沒地方住嗎？她氣憤地說：「搞不懂這裡為什麼連一間房都沒有？我打算住到附近的鎮Arles，再搭火車來。」我們兩個人就默默地在電腦前跟旅館床位奮戰。隔天，我就拖著我那碩大的行李，慢慢開始遷移到我的新住處，用Google Map算過，如果用走的話，至少要半小時以上，而且我還要拖著這個大行李，頓時就有把行李丟到隆河裡的想法。

　　當我走在橋上時，旁邊的車子一台一台的呼嘯而過，路上根本沒有什麼行人，只有我一個拖著大行李的蠢傢伙。

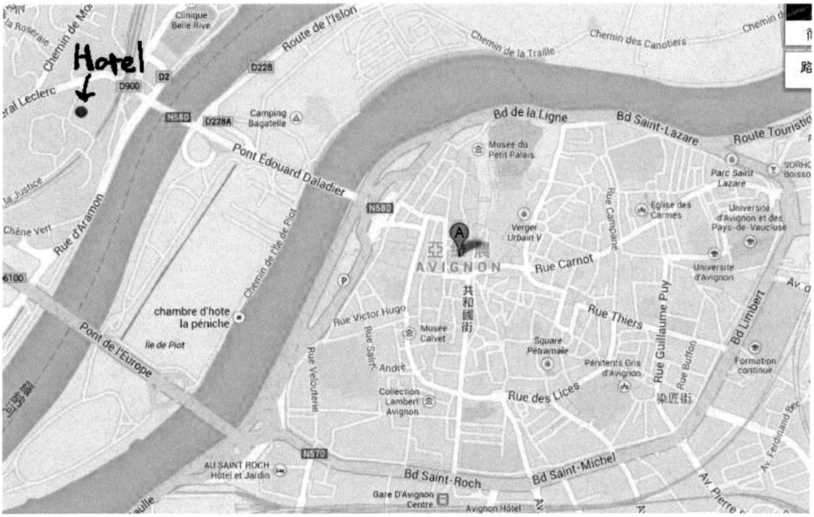

隔壁鎮的旅館

隆河走九遍

好不容易走到旅館後，我詢問旅館這裡怎麼搭公車？旅館人員大驚！你用「走」來的？？我說：「對！我快累死了！」才知道有公車可以搭車到這裡來，不過班次並不多，一個小時才會有一班的樣子，但是公車只會開往火車站，但火車站距離市中心仍然有一段距離，如果想去市中心，而且不小心錯過一小時一班的班次，就必須還是要用走的會比較快。而我因為為了還要買火車票又要去市中心，來來回回的在隆河穿梭好幾遍，腦海中不自覺的想起動力火車的「忠孝東路走九遍」的旋律，隆河！我也走了你好幾遍啊！！從原本的不熟悉到現在已經熟悉到不想再熟悉了！隆河！我記住你了。。。

Arlen可是著名梵谷最後居住的地方，在這裡產生了許多世界名畫。

【Italy 義大利】Oh! 果然是義大利

剛從南法搭火車抵達義大利沒多久，住在威尼斯一間旅館裡，這間旅館在木橋附近，前面就是廣場，視野很不錯，而且重點是旅館有提供早餐，早餐對我而言是非常重要的，因為如果想省錢，吃多一點早餐是可以省下午餐錢的。想當然耳，一大早大家坐在餐桌前，第一個想到的是，我要咖啡！給我咖啡！可是看到餐桌上面擺了麵包和果醬，就是沒有咖啡？怎麼會這樣？對面的俄國女生也等到有點不耐煩了，詢問旅館主人說可以給我一些咖啡嗎？主人就說：「現在在煮了，再等一下。」我們又等了一下，接著兩位法國女生和兩位韓國人也坐定位了，想說應該煮咖啡很快，不是煮一下就會有一大壺了嗎？可是等了又等，怎麼還沒好啊？？！！我們全部七、八個人面面相覷，大家看著空空的杯子和隔壁的一小杯牛奶，其實我心中很想笑，因為代表大家都是沒有咖啡就沒辦法吃早餐的人，沒有咖啡，一天怎麼開始啊！？我終於忍不住走向廚房看了看狀況，結果我看到一幕驚人的事實，在火爐上面正放著一壺摩卡壺慢慢地煮著，還在冒著煙，臉上沒表情其實內心很震驚的坐回位子，沒多久旅館主人終於把摩卡壺端來將非常少量又濃郁的咖啡加入我們的杯子裡，因為我們有七、八個人，所以旅館主人又必須再去煮第二壺，只聽到對面的法國女生默默又吃驚的說：「Oh……Espresso……」

威尼斯

我心中也默默地想著：我果然真的到了義大利了。。。

【Italy 義大利】義大利國鐵，我真搞不懂你

義大利的國鐵，通常是在發車前十分鐘左右，才知道你的火車月台在幾號，所以在火車站的看板前，總是站著一堆乘客，不時地望向時刻表，每當時刻表的月台號碼一旦出現，就看到成群的人開始快速往月台移動。

那時的行程，是要從南義大利的拿坡里前往Bari搭渡輪，由於Bari並不是大城市，沒有直達車，所以我們必須要在一個叫做Caserta的地方轉站，特別注意了轉站的時間，有快兩個小時的時間，所以緩衝時間應該是綽綽有餘的，加上轉車的時間，總共行車時間為六小時左右，我們下午十二點多從拿坡里出發，預計晚上六點多到達Bari，一切非常的完美。

當天天氣不是很好，一大早就陰天，不過我想這應該不影響行程，更尤其是台灣的鐵路是風雨無阻的，除非是颱風或是地震。沒想到，坐了一陣子後，火車上放了一段義大利文廣播，也不清楚他講了什麼事情，沒多久，火車竟然就給我停下來了。明明還沒到目的地啊？我們就停在鐵軌上，隔壁也沒有月台，看到周遭的人開始一個一個下車，我和朋友都傻眼了，啊？所以是怎樣？我們也要下車嗎？趕快抓一個人問一下發生什麼事情？結果對方回應說：「因為天氣不好，所以停開了，我們要

去搭巴士。」WTF!沒風沒雨的，好歹也要下個雨才可以讓我信服說天氣不好吧？這是什麼情況啊？我們也只好趕快跟著其他人一起走出去，拖著大行李橫跨鐵軌，就看到一群人突然出現在一個名不見經傳的小鎮，真的是名不見經傳的小鎮，怎麼說？街上沒什麼人車，火車站是沒有管理人員看管的，而且也沒有任何的計程車駐守，這將是壓死我們最後的一根稻草。就這麼一群人站在公車站牌旁，好像在等著一台永遠不會來的車子，超過半小時後，終於有人受不了了，可能跟我們一樣要抵達Bari搭船的乘客，開始打電話叫計程車趕往Caserta。人世間真是不公平，我們不會講義大利文啊？那我們要怎麼辦哩？原本希望看能不能跟他們共乘，可是還要加上行李，能不能放得下都是個問題？又再隔了一陣子，一台巴士緩緩地開過來，大家突然蜂擁而至的衝向巴士，結果我和朋友兩個魯蛇被遠遠拋在後面，想擠上去的時候，司機逼哩巴拉的講了一大堆義大利文，意思應該就是滿了，不能再上去了。。。所以還有一小批人留了下來。。。現在是怎樣？連計程車都叫不到，我不想滯留在這個小鎮裡啊！！隔壁日本一家人，對著我和朋友說：「Nothing in this city…」啊！~~~不過那位日本爸爸會講義大利文，之後也順利搭上計程車離開了，只剩下我和朋友待在原地不知如何是好。。。附近的店家也都不會講英文，我們也聽不懂義大利文，一整個求助無門呀！~又再經過快一小時後，另外一台巴士來了，我和朋友才好不容易搭上巴士，準備開往中繼站，不過。。。卻還要等下一批火車的乘客呀！！所以又必須在車上等了一陣子，默默地看著手錶，想著我們趕不上下一班車了，那時心情之無奈又沮喪。車子緩緩地行駛著，到達中繼站後，也如預期地沒有看到任何火車在月台上，看了看下一班的時刻表。。。下午七點多，這代表著我們要待在這個中繼站快三小時，抵達Bari要晚上十一點了。

晚上十一點抵達Bari，我和朋友又餓又累，一到旅館時，心中一心一意只想吃我們在羅馬買的韓國泡麵！我們拿著泡麵向旅館老闆詢問有沒有熱水和碗，結果老闆非常仔細的看了泡面包裝的說明，說了一句：「Follow me!」我和朋友心想，啊！～就泡泡麵啊？我們自己來就可以了？要去哪裡？結果老闆帶我們去了隔條街的「餐廳」，是！沒錯！是餐廳！！老闆用簡單的英文跟我們說：「我的朋友是廚師，他會幫你們煮！」我和朋友心中五味雜陳，竟然幫我們請了一位廚師幫我們煮泡麵。。。

對著空蕩蕩的車站發呆

我的辛拉麵是乾的…

廚師很仔細確認泡麵的作法

我們沒在這間餐廳用餐就算了，還請廚師幫我們煮麵？？真的是殺雞用牛刀！但是又不好意思拒絕，就讓廚師帶著泡麵去到廚房了，但是那位廚師，也像旅館老闆一樣用著疑惑並認真的表情看著泡麵的包裝背面，然後跟我們說：「Okay! Wait!」

我心中有點不安，這。。。他們會煮出什麼樣的泡麵啊？他們之前吃過嗎？在這個美食王國會吃泡麵這種東西嗎？但我和朋友討論後，覺得泡麵還能煮成什麼樣啊？應該沒問題吧！？。。。應該。。。等了一陣子後，廚師就拿著兩盒錫箔盒給我們，我們一直道謝後就回到房間準備開動，沒想到一打開蓋子，大驚！！！！怎麼沒有湯！！！沒有湯！！！沒有湯！！！～～～湯。。。是精華啊！！！怎麼會這樣。。。

但是我們過於飢餓，還是把麵都吃光了。

結論：泡麵是只有亞洲人才懂的料理，但是還是很感謝廚師大人幫我們煮泡麵！

【Greece 希臘】渡輪風景無限好

選擇從義大利到希臘的渡輪時，其實很猶豫到底要買什麼床位，四人的床位、兩人的床位、能不能看到風景、還是根本不要買床位，直接買「座」位，而且還有一個選擇，叫做「甲板」，我當初看到這個選項很吃驚，甲板，所以連住在床艙內的權利都沒有嗎？？？跟朋友討論到最後，好！不管了，君子一言，快馬一鞭，就買床位吧！挑了一間Superfast的輪船，喔喔喔！～～Super Fast耶！～但是為什麼還是要花十二個小時才能到希臘？好不容易到了Bari港口，看著一排排的渡輪船，很好奇我們的船到底有多大？結果一看，哇！！超大的耶！好酷喔！讚死了！鐵達尼等級！

欸欸欸？不是啦！不是這一艘，那是哪一艘？隔壁的那個吧？哪個？耶……？喔…那個…也不錯啦！只是剛好隔壁停一艘這種巨無霸，整個遜掉了……好啦！至少是Super Fast

一開始我和朋友非常興奮地把行李放到房間後，到處去走瞧瞧，就看到有一個區域真的就是設置「座位」，看到許多人把家當都擺在位子附近，坐著睡覺啊…而所謂的甲板，真的看到有背包客，就把睡袋鋪在樓梯間，真的是樓梯間！人來人往的樓梯間！擺放的很舒適，想必是有備而來，但至少不是我想的真的在甲板外面受颱風下雨，這樣好像比買「座位」還划算耶！～因為至少還可以用躺的。

超讚的啦！豪華大郵輪！

我們真正要搭的船，Superfast!

逛了逛渡輪後，想說義大利，維大力，這麼漂亮的地方，一定要去看看海景啊！~~才有度假的feel~我和朋友就馬上衝到甲板上面，看著一望無際的海洋，看著海鷗飛翔，聽著海浪拍擊船頭的聲音，再喝杯咖啡，聊個是非，啊！~~~這不就是人生嗎！~~~

我和朋友的對話如下：

我：「哇！~感覺好悠閒喔！如果可以一輩子都這樣過生活真的是太棒了！」

朋友：「對啊！真的很漂亮耶！」

待在甲板不到一小時後，

我：「欸…那個…要走了嗎？有點無聊耶…海怎麼看都是長一樣。」

朋友：「喔。好！」

我和朋友就默默地回到我們房間，什麼待一輩子，都是幻覺啦！~

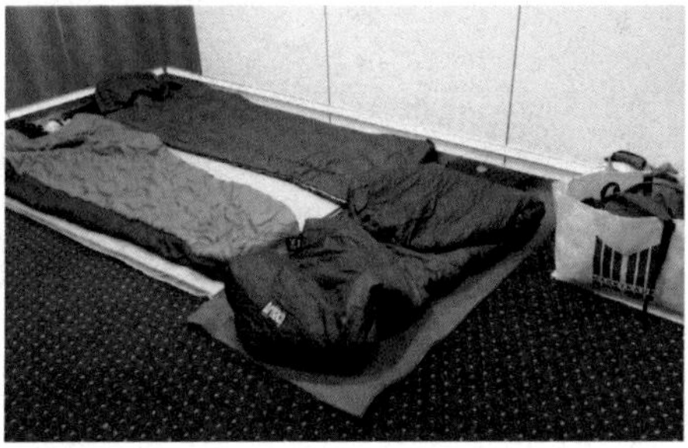

樓梯間的小雅房~

什麼海景很漂亮，一切都是幻覺！

【Greece 希臘】燃燒吧！我的小宇宙！

坐著慢慢悠悠的渡輪抵達了希臘，又再坐巴士抵達了我們希臘第一站，雅典。

對於雅典的印象很奇特，因為跟我想像的有一點出入，我的腦海中，希臘感覺都像是聖托里尼的藍白相間的房子和教堂，也一直自私地認為所有希臘應該都長得會是差不多的樣子，不然就會出現聖鬥士星矢的畫面，和那永遠被綁架的雅典娜的畫面，但是真實的雅典卻不一樣，整個城市是呈現黃白的狀態，建築物外觀都是白色的，但因為砂土和年代的關係，又有點偏黃，整個市容是塵塵土土的感覺，到了夜晚，燈火卻也沒有特別通明，零零星星的微微亮著，怎麼說呢？毫無生氣！對！就是這樣的感覺，整個城市很沒

雅典市區，山上為著名的衛城

有活力。不管是搭火車、捷運，都是充滿著意興闌珊，彷彿這股氛圍是會傳染的，接近傍晚，店家就一家家地關門，整個城市中心空蕩蕩，路上開始出現一些游手好閒的人，搞得我和朋友都買完晚餐後就快快地回旅館窩著不敢出去。

我們住的旅館，附近有非常多的年輕人，說也奇怪，平常也不知道這群年輕人在幹嘛，都會聚集在這附近喝酒，沒想到才住進去的第一天晚上就看到一批希臘鎮暴警察出動在街上拿警棒驅趕民眾，但也不清楚發生了什麼事情，雅典的第一個晚上好不平靜。

鎮暴警察

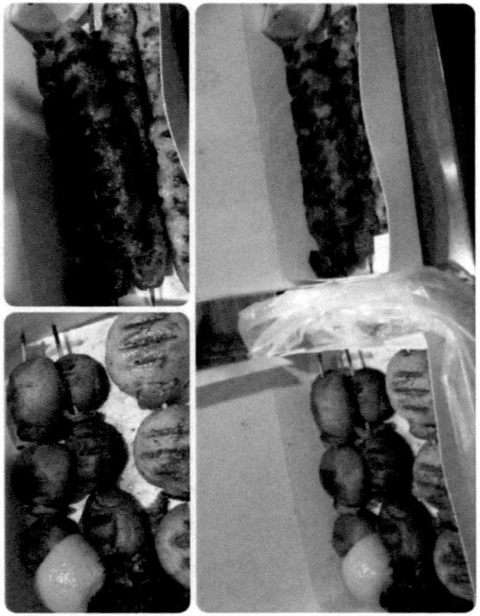

太好吃啦！！！看那光澤！
口水都要滴下來了！

以下是我和朋友的私心推薦！希臘的Kebab和Gyro真的超好吃的！尤其推薦我們住雅典旅館附近的那間店，我和朋友天天光顧！我要再說一次！天天光顧！這麼好吃的食物，如果以後吃不到了怎麼辦？？日式料理的串燒比較小串，走精緻路線，希臘是料多實在型的，吃個四五串再配個麵包就很飽，而且味道不會太重，只加個鹽或香料去烤，肉汁都包在裡面，連香菇都很鮮嫩多汁。這間店叫做” Εξ αρχής Γευματοπωλείο/Καφέ “，是不是看不懂？恩。我也看不懂！沒關係，有網址，這間餐廳在tripadvisor還獲得了excellent的認證，我真的誠心的希望如果之後會去希臘雅典的朋友可以去這間餐廳吃吃看，真的值回票價，讓我們對雅典的印象大大的加分！我絕對沒有收這間餐廳的半毛錢！

Exarhis restaurant: http://www.tripadvisor.com/Restaurant_Review-g189400-d4578179-Reviews-Exarhis-Athens_Attica.html

結論：在雅典沒看到雅典娜也沒看到五小強，但卻吃到最好吃的kebab和Gyro。

【Czech republic 捷克共和國】在世界上最漂亮的城市，卻想一頭栽在土裡

2013/09/19日誌：

抵達希臘之後，對於歐洲的行程做了一個大調動，因為發現歐盟的九十天內免簽證，時間根本不夠啊！如果將想去的國家都塞進去，每個國家只能停留個兩、三天，這樣根本沒有達到旅行的品質，萬般無奈之下，只好砍掉了一些國家，以後有機會再前往！直接轉往了奧匈帝國和捷克，今天在布拉格的街頭，拉著行李箱上Metro手扶梯，不料手扶梯速度太快，行李箱沒卡好位置，人連同行李箱一起跌下去，壓到後面的正妹，正妹又壓到後面的年輕帥哥，我的腦海中出現骨牌倒塌的畫面，不過還好年輕帥哥止住災情，我還摔掉了帽子和眼鏡，那時心中的念頭。。。。丟臉死了！！！！話說明明捷克前往歐洲其他國家的巴士都這麼多班，為什麼只有前往波蘭的班次這麼少啊？大家不喜歡波蘭嘛？他哪裡不好了？說啊！

當下真想躲在土裡

【Czech republic 捷克共和國】在世界上最漂亮的城市，卻想一頭栽在土裡

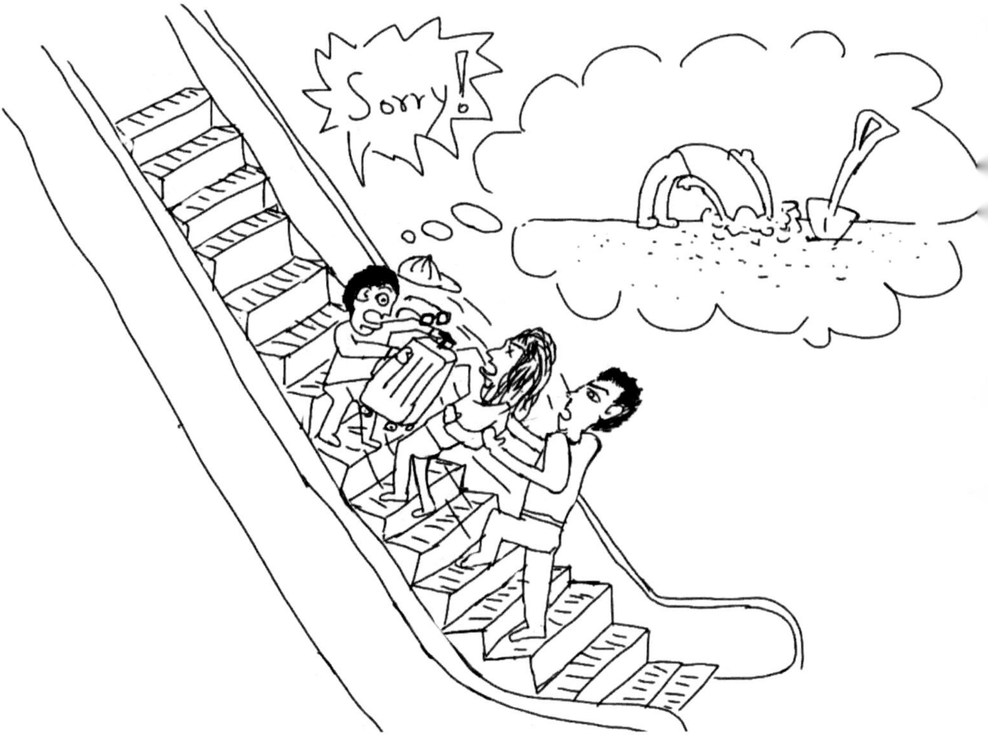

【Poland 波蘭】歷史的痕跡絕對不能忘記！奧斯威辛集中營的內幕

來到波蘭，很大的目的就是要來看赫赫有名的Auschwitz-Birkenau（Oświęcim波蘭文）奧斯維辛集中營，之前在電影「辛德勒的名單」、「美麗人生」又或者是「穿條紋衣的男孩」對於集中營裡的生活都刻畫得很清楚，但是身歷其境並聽著繪聲繪影的專業解說，又是另外一種全然不同的感受。

Auschwitz-Birkenau 奧斯維辛集中營距離Krakow 60公里，所以如果從Krakow巴士總站出發（位在火車站後面），搭巴士要花一個半小時才會到達。

搭乘早上九點半的巴士前往Oświęcim，來回車票28PLN（2013.09），因為知道參觀的時間會長達四小時以上，所以還是早點去會比較好，到達Oświęcim博物館後，發現參觀的人數比我想像的多很多，因為這裡其實算是荒郊野外，大家必須是專程到這裡來參觀的。如果要參加English Guide Tour為40PLN，雖然在來之前已經看過BBC所拍攝的一系列有關Oświęcim集中營的紀錄片，還是希望能得到更多更詳細並且專業的資訊，事實上，這的確是值得的，四小時專業的Guide tour哪裡找？導遊的解說是無價的，這些導遊都是受害者的家屬或是相關人士，從他們的口中，可以聽到更多血淋淋的現實。

我參加的是十一點半的英文團，結果人數多達130人以上，所以他們請了三個導遊，把我們分成三個小團體帶開講解。講解路線為：一號集中營—Oświęcim 奧斯維辛集中營，解說兩小時多，再搭乘接駁車前往二號集中營—Birkenau 比克瑙集中營（為奧斯維辛集中營的三倍大），解說時間為一小時半左右。我的導遊是位男性，說話非常的快並鏗鏘有力，我第一次在這麼短的時間內聽到導遊講了不下五十次的Death，他先問大家從哪裡來？大家非常高興地回答了自己的國家，結果他就說：「為什麼我要這樣問？因為你們的國家都可能參與了這場悲劇。」（就是你我都推了一把，後來就覺得導遊問的問題都一定不會有什麼「好」答案，尤其英國一

集中營大門

只能肩並肩睡覺

直中槍，害得英國老奶奶乾笑指了指自己）（接下來這個導遊說的內容有時候比較情緒字眼，但也可以了解他的感受）

導遊指著上面的字「ARBEIT MACHT FREI」詢問大家：「這是什麼意思？」有的會德文的說：「只要工作就會獲得自由」，導遊又說：「沒錯！但是他們工作獲得了什麼？死亡！只有死亡！沒有更多的了！」

（P.S.這個提字是引用德國德豪集中營）

首先他帶我們到第七號建築物，這些建築物都是原來的建築物外表，沒有遭到破壞，可以看出歷史的痕跡，這些建築物原本是廢棄的軍營和馬廄改造而成的。

為什麼選這裡？位置、位置還是位置。一、這裡很偏僻。二、這裡有兩條河川交界處，是天然的屏障。三、天然資源多：水、石灰和煤炭，是德國 I.G. Farben AG 化學公司生產塑膠的最佳產地。SS親衛隊的首領希姆萊一來這裡探勘場地，就跟當地首長說：給我擴建三倍！~因此改變了這裡的歷史地位。（P.S.：I.G. Farben AG 化學工業公司二戰後被盟軍強制解散，拆成BASF SE、Hoechst AG、Bayer AG等十間公司，有些很耳熟啊~~）

第七號建築物在講解犯人的生活起居，一開始走進去的兩旁，只看到地方堆著草堆和紗布袋貌的床，這就是一開始猶太人在集中營入住的地方，非常的簡陋，在這狹小的房間，塞進上百人，所以大家都必須肩並肩睡覺，出入都可能會踩到別人身上，你要想像大家並不是洗香香的睡在一起，都是工作十幾個小時後，全身惡臭，房間又壅擠，又有人生病，全部都在這小小的房間裡發生。

集中營一開始入住的犯人並非是猶太人，而是波蘭的罪犯，何謂波蘭的罪犯？老師、律師、醫生、政治家…等等這些擁有高知識水準的人，如同所有極權政治一般，第一步要先控制有思想的人。再來是關蘇俄的戰虜，一直到納粹提出的「The Final Solution」（最終方案），才開始湧入大量大量的猶太人。

走道兩排的照片，都是犯人的照片存檔，導遊說：「一開始納粹會為大家編上編號並照相存檔，但是這些照片根本沒有用，因為再過個兩、三個禮拜，你無法用照片去辨識這個人，他已經變得骨瘦如材或是病懨懨的狀態，更甚者就是死亡（導遊強調了Miserable），所以納粹乾脆直接把號碼烙印在人身上辨識，你從此就沒有名字，只有編號。這就是在羞辱你。」

後面犯人洗澡和如廁的地方，洗澡是怎麼洗呢？不是全部都是冷水，也不是全是熱水，是冷、熱、冷、熱交替，他要你生理上和精神上都遭到折磨，提早死亡。他要你每天工作超過十幾個小時的

澡堂

走廊兩旁的照片

處決場—兩旁的窗戶都被磚頭和木板封死

拷問室無法看到處決場的狀況，窗戶被磚頭封死。

窗戶被磚頭封死

體力活，給你吃少少的黑麵包和超稀的粥，不久你就會餓死，病死，過勞死，凍死…etc天然的死亡方式。這裡的人的病歷表都是「自然死亡」，但你快死亡時，SS醫生會注射過量的毒藥或是藥劑，造成死亡，但病歷表上面會是「心臟病發」，這裡不會有所謂的「非自然死亡」。

接下來就走到著名的拷問棟，十一號樓，隔壁是就是處決場（Courtyard），十一號樓裡有所謂的法庭，但顧名思義就是只是個流程，一樓主要有梳洗室，法庭以及擺放屍體的地方。地下室就是所謂的拷問室了，主要折磨的方式有三種：一、把你關在裡面餓死。二、把你關在一間密閉牢房裡，最後窒息而死。三、站立牢房，一個非常小的空間裡面塞了四個犯人，所以你只能站著，完全無法蹲下或臥躺，你會看到你的同伴在你面前死亡，你卻也無法移動，必須跟他共存。

走到處決場後，拷問棟的牆邊有個水泥做的地上突出建築，還記的拷問室在地下吧？這個水泥建築是他們的窗戶，但這窗戶也看不到外面，而且沒有玻璃，只有鐵欄杆，做什麼用的？犯人想呼吸新鮮空氣，大家都想聚集在窗邊，但是冬天的波蘭非常冷，強烈的冷風灌入，讓犯人加速死亡。處決場還有一兩根木桿，是在折磨犯人用的，把犯人的手反摺在背後，並掛在木桿上，全身的重量都加注在手臂上，會發生什麼事呢？犯人的雙臂一定會脫臼，而脫臼就無法工作，變成無法勞動的人，無法勞動的人怎麼處理，送他去死囉…

你說這種環境一定有人想逃跑，沒錯！是有人逃跑，800多個人嘗試逃跑，只有100多個人成功，失敗的人下場可想而知，而納粹也會用殺雞儆猴的方式，隨意地殺死在營區裡的人，告誡大家說：如果還有人要逃跑，你可能因此而死。而且周遭也有兩層通電的刺網包圍，逃跑並不容易，即使脫逃出去，由於髮型和身材，很容易辨識並被抓回去，脫逃成功的例子有搶奪德軍衣服和車子，喬裝成德軍出營區。那逃不出去的怎麼辦？也有人選擇自殺，直接撲向那有通電的電網。但是納粹當然不會讓大家都這樣搞？當然還是殺雞儆猴，但是他們避免此事情發生，只要看到犯人在營區奔跑，在觀望台的士兵可以無條件射殺，同樣是死亡，差異是只有我能決定你的生死，你無法決定你自己的生死。棟與棟中間有個大走道，這裡最常的狀況就是把大家叫出來站在廣場上罰站，有時長達十九小時不吃不喝，有的人受不了折磨就倒下了，原因大多是因為有人逃跑連帶其他人受罰或是遭槍斃。

原先納粹實行所謂的「安樂死計畫」，先用於身心殘障的人，像是瘋子或是精神病人，跟他們說要去洗澡，結果水管裡出來的不是水而是一氧化碳。而這種方式擴大到使用於集中營裡，起先在集中營使用毒氣的對象並不是針對猶太人，而是行動不便而無法工作的人，他們對集中營的人說生病的人可以出外治病，有的人信了，所以這批人就配送到德國的毒氣室，再也不用擔心病痛了。

毒氣並不是原本的殺人主要工具，一開始仍然是土法煉鋼，由德國士兵命令猶太人和戰犯站一排在坑口前，用槍射擊，人自動會掉落到坑裡，希姆萊看到了處決的狀況，他覺得必須要有更好的殺人方式，所謂更好的殺人方式，是針對殺人者，而不是被害者而言。由於「安樂死計畫」需要一氧化碳，但運送一氧化碳瓶到德國是非常的昂貴又困難，所以他們嘗試用炸藥，把人帶入地堡中用炸藥轟炸，屍塊飛散在森林各處，有些屍塊掛在樹頂無法回收，只能遺留在原處。之後發現便宜方便的汽車廢氣殺人方式。

而同時在奧斯維辛集中營裡，他們也發現了新的殺人方式—Cyklon B，這個化學藥劑本來用於殺死犯人衣服上的臭蟲和跳蚤用的。第一次實驗的對象，就在十一號棟樓裡的蘇俄戰虜，納粹將全棟樓封死，將Cyklon B撒入，但是實驗失敗，許多人還存活著，他們只好再次撒入大量的Cyklon B將全部犯人殺死，運到焚化爐燒毀。

這些行李箱上面都寫著名字和生日，為什麼哩？因為納粹跟這些猶太人說要在行李箱上面寫上你自己的資料以便於比對身分，在建立身分資料和洗澡後，我們就會把這些行李箱歸還給你們，相當然爾，這些行李箱再也不會回到主人的手中了。

什麼時候猶太人變成集中營的主要對象的呢？在此之前猶太人都只仍住在原來的城市，只是被隔離在「猶太區

Budapest的多瑙河河畔—紀念猶太人在二戰被納粹於河畔射殺並掉落到多瑙河中。

Cyklon B 罐子

Jewish Ghetto」，門口都有猶太警察和德國警察看守，進出都必須要看證件。起因是德國漢堡被英國空軍空襲後，造成許多德國人無家可歸，當地的首長拍了一封電報給希特勒說：我希望將猶太人運往別處（就是直接侵占猶太人住的地方給這些無家可歸的德國人），促成了把所有猶太人運往東部的計畫。

之後導遊帶我們到集中營最可怕的地方：毒氣室。他說這個毒氣室設計不好，裡面的空間只有毒氣室和焚化爐，所以大家脫衣服的地方就在戶外，大家都看的到。原本的毒氣室的地方其實是停屍間，後來才被改建成毒氣室。說實在的，這個地方是全部行程裡面最讓我感覺無法呼吸的地方，上面有兩個孔洞，是倒入毒氣Cyklon B的地方，其他就是厚實的水泥和死亡，納粹要將「處理」時間從兩

成堆的行李箱

成堆的鞋子

天縮短成二十分鐘，並快速的清洗，要讓下一批不知道上一批的狀況。

19-21棟樓為醫院，集中營是不需要醫院的，這些醫院是拿來做實驗用的，他們會選雙胞胎來做實驗，做完實驗後再把他們殺掉。（記得之前在美國華盛頓DC的博物館看過，他們用猶太人做人體實驗，來實驗人類的極限到底在哪裡？像是溫度多冷、多熱人才會死掉？要幾天人才會餓死？⋯⋯等等可怕的實驗）

而德國指揮官家其實就住集中營隔壁（看「穿條紋衣的男孩」電影裡面也有描述到），他們的生活過的很幸福，因為他們從猶太人的家當中得到了太多的利益。

在只有一號集中營—Oświęcim 奧斯維辛集中營的時候，這裡並不是所謂的殺人集

毒氣室和焚化爐

中營，他們極力的努力改善殺人的方式，如何有效率且祕密的殺死犯人是他們最重要的方向，長官需要的是能建造殺死上百萬人的方法，所以產生了二號集中營—Birkenau 比克瑙集中營。在新建了二號集中營—Birkenau 比克瑙集中營後，集中營的地位就大大改變了。

毒氣室

焚化爐

【Poland 波蘭】Auschwitz-Birkenau（比克瑙集中營）

導遊講解完一號集中營後，我們搭乘免費的接駁巴士，到達了二號集中營，也就是所謂的比克瑙集中營，新的集中營Birkenau 比克瑙集中營在1941年底開始使用，這個營區比原本的Oświęcim集中營大個三倍以上，至少可容納十萬人，每棟可容納744人（原本只能容納500人，發現仍然無法容納犯人人數，直接手動修改成744人），新的集中營就是專門處決犯人而建造的。第一批使用新集中營的人仍然不是猶太人，而是蘇聯的戰虜，在1941年10月下雪天到達此處，到了隔年的春天，一萬人只剩下一百多人生存，其他的被凍死、餓死以及受虐待而死。

大家以為鐵路是跟著集中營一起建好的，其實並不然，鐵軌是1944年建造的，幾乎是為了匈牙利裔的猶太人

鐵路直達集中營內部，也是拍攝辛德勒名單的地點

所建造（就可以知道運來的人數有多龐大，當時在匈牙利的猶太人統計有76萬人），1942年造磚房，磚房隔壁的小磚房是廁所，卻是在1943年建造的，在這一年，所有人都在空地上解決，造成許多衛生問題，納粹才不得不建了廁所和衛浴。1943年造木房，木房在二戰結束後都被本地波蘭人拆去蓋房子，所以現在所看到的木頭房子幾乎都不見了。

導遊又帶著我們走到鐵軌隔壁的房子，他對著我們說：「這裡就是進行「分類」的地方，猶太人餓了好幾天，死了許多人，存活的人帶著身家財產一下車，還搞不清楚狀況就要求站成兩排，一排男性，另外一排婦女和小孩，一位SS親衛軍的醫生檢查確認你是勞動人口或是非勞動人口，他只問你一個問題，你的工作性質領域是什麼？來進行判定，勞動人口變成犯人，非勞動人口直接直走，送進毒氣室。小於十六歲的兒童和抱著嬰兒的婦女和老人，全為非勞動。」

運送人口的車廂

進行分類的地方

鐵軌上面放著一台當時的車廂當作展示，一個車廂塞上百人，沒有窗戶、沒有廁所，在BBC紀錄片中，提到車廂內只提供一只空水桶和一只裝滿清水的水桶，沒有其他了。遠則搭乘二到三個禮拜，有許多人因此餓死，窒息。曾有一個全車廂都死亡的記錄，是來自希臘的猶太人，到波蘭路途太遙遠，全車廂的人都死亡，這些人，還為自己買了車票，買了一張死亡的票。

新營區的毒氣室已經被納粹給催毀了，在新營區中總共有四個大毒氣室，在巔峰時期，每天死於毒氣室的人有上萬人。

導遊又帶我們進了一間房間，這裡是新營區的宿舍。設計成每層睡三個人，但如同之前所說的，真正居住的人數是比設計的人數更多上一倍，最下層不會給你床墊，就等於睡在冰冷的地板一樣，這時候導遊發問了：「我問你們，最好的床位是哪一層?上、中、下層？」大家想了想，回了：「中間？」導遊回說：「恩…的確最上層在夏

宿舍內部，我的腦海一直想著屎尿從最上層滴落到最下層

殘存的毒氣室建築

天時會很熱，最下層在冬天時會很冷，中間的確是不錯的選擇，不過答案是最上層。」大家想必會充滿疑惑的眼神，導遊說：「因為有人無力去上廁所時，最上層的排泄物就會滴落下一層，再滴落到下一層，屎尿會直接從木頭間縫滴落下去。」聽到這個答案後，大家都很驚嚇，又說：「那誰會睡上面呢？當然就是最有力氣的人，在這裡，大家會為了一塊麵包拚死活，因為這關係到你的生死。」在BBC的紀錄片中，在犯人裡面也有自己的潛規則，偷取別人的麵包是重罪，到晚上後大家會合力用枕頭把他悶死，這種事情每天都在上演，你不可以相信周圍的人，因為他可能會因此抓著你的把柄，這關係到生死。

導遊指著指煙囪問我們說：「你看這裡有煙囪，但是裡面的溫度跟外面其實是一樣的，

假煙囪

為什麼納粹要建他們呢？因為他們要讓國際認為他們其實是很照顧勞工的，但這一切都是假的。」一營區裡有一區叫做「加拿大區」，因為他們認為加拿大是最富有的國家，在那個區域專門處理大家從各地火車帶來財物的區域，通常為女性在處理，女生在那邊可以蓄長髮，還可以取得多餘的食物，大家都希望能在「加拿大區」工作，不過因為在那裡的女性由於是看起來最「正常」的，常常會遭受到SS親衛隊的性侵害。並且SS親衛隊在那邊會努力地搜刮財物並占為己有。

納粹會用盡所有有價值的物品，在請大家去洗澡之前，他們會要求大家脫去所有衣物，而頭髮是在一開始就被剃掉，頭髮拿來做什麼呢？因為頭髮其實很柔軟又保暖，他們賣給企業變成編織物，屍油可以做肥皂，連骨灰都拿來利用撒入農地裡施肥。

而德國大廠BMW/Benz/WV/西門子都是跟德國政府簽約給予少許的金額，德國政府就讓犯人替他們效勞，當然是沒有支付薪水的。而且不只是德國公司，也有外國公司介入，像是Fanta, Kit Kat都名列其中。

為什麼導遊一直強調許多國家其實都推了一把呢？因為如果單單只有納粹的力量，說實在話沒辦法這麼有效率的「處理」這麼龐大的人數，當然有各國的合作，像是斯洛伐克（當時為納粹盟友）就以一個猶太人五百馬克賣給了納粹，匈牙利更是將全數的匈牙利猶太人都運往了集中營，法國…等其他國家也配合了運送猶太人的方案，這些國家雖然不是第一殺死猶太人的兇手，但是也算是幕後的推手了。在1944年，德軍跟匈牙利猶太人代表談判如果給德軍1000輛的列車廂，他們就給匈牙利一百萬個猶太人，猶太人到各國去遊說，結果被英美同盟國拒絕了，他們覺得這是德軍的陰謀，而這些猶太人就被送往了集中營。同年，美軍已經清晰照下集中營的位置，卻完全不採取任何的行動，理由是會分散兵力。

最後，導遊跟我們說：「我之所以在這裡幫大家講解，是因為我希望大家不要讓這種悲慘的事情再次發生，這就是我每天盡力在做的事情。」我的腦海中還一直停留在一個景象，一位媽媽帶著一個四、五歲的小女兒要進去參觀毒氣室，聽不清女兒說了什麼，只聽到媽媽安撫的回說：「不用擔心，現在這裡只是展覽的地方，他們不會這樣對我們的，不要擔心，親愛的。」只看到女兒緊緊抓著媽媽的衣服走進毒氣室裡。

【Germany 德國】玩玩具的態度也要玩到讓你羞愧！

我想講的是德國漢堡市的一間迷你世界博物館Miniatur Wunderland。老實說德國一開始不是在我的計畫中，應該說我原本只打算待德國柏林辦理印度的簽證，但是之後種種原因，我取消辦理印度簽證，在德國停留的時間也突然變多了一個禮拜以上，所以我就打算繞北德一小圈，從波蘭抵達德國的第一站，就是漢堡。

從波蘭Gdansk直接殺到德國漢堡，到達漢堡已經是當天晚上八九點的事情了，中間有個小插曲，在坐火車的時候，因為是包廂式火車，對面坐著一位商業人士，他問我說：「你去過波蘭那些地方？」我回說：「喔～」我從南一路北上，先去了Krakow。」他問說：「那你對這個地方感想如何呢？」我原本要長篇大論講述我對於集中營的看法，都準備要脫口而出了卻突然停住，想說：這個人到底是哪裡人，如果我講了什麼話會不會讓他不高興？所以我很保守地說：「我覺得那個地方是很悲傷的地方，但是現在看起來好多了，大家感覺都很快樂！」心中的冷汗卻直流啊⋯⋯

對於漢堡，其實不是了解很多，只知道漢堡是一個港口城市，再來就是足球小將翼裡的最強守門員若林源三到這裡進修踢足球，到旅館用TripAdvisor網站查詢了漢堡Must to see有哪些，排名第一名的就是叫Miniatur Wunderland迷你奇幻世界博物館，我一開始看到這個排名，觀光客的腦海想：這是啥啊？玩具博物館？還是？看了一下類型，兒童博物館？。。。啊！～～果然漢堡市跟我想得差不多，就是個大城市，但是沒有什麼值得可以看得，玩具博物館？漢堡市沒有別的東西可以看了嗎？不過那時抱著排名第一名一定要它的道理，隔天還是前往了這個迷你世界博物館。

從外觀看起來，這個博物館真的是超級不起眼的，外表像是個港口放倉貨的建築，我在外面還徘徊了一陣子才走進去，連樓下的漢堡地牢感覺都比它吸引人。

博物館外觀

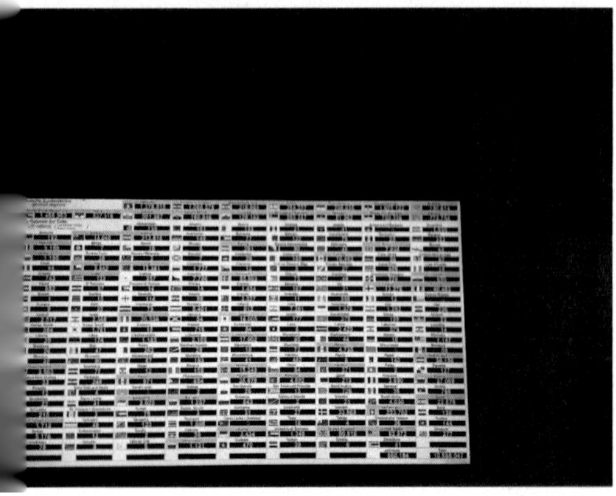
是的，台灣也名列在內，我是第1713名台灣人到此參觀。

進去後，還要爬一大段樓梯，才是購票的地方，買票時會打入你的國籍，同時才發現，啥？竟然還要叫號入場？竟然有這麼多人？太誇張了吧？但是他們也很貼心，外面有販賣部和桌椅，可以讓等待的人邊吃東西邊等待入場。等了十幾分鐘後入場，映入眼簾的就是一個大看板，是來自世界各地的參觀人國別。

進到博物館裡後，發現所謂的迷你世界博物館就是模型博物館，分有不同地區和不同時間的模型建築，都放在一個正方形的透明箱內。這裡面讓我吃驚的是，德國人勇於面對自己的歷史，光是這一點，我相信很少國家可以跟德國一樣，雖然有可能因為證據太多無法抹滅，但是勇敢面對的態度令人激賞。

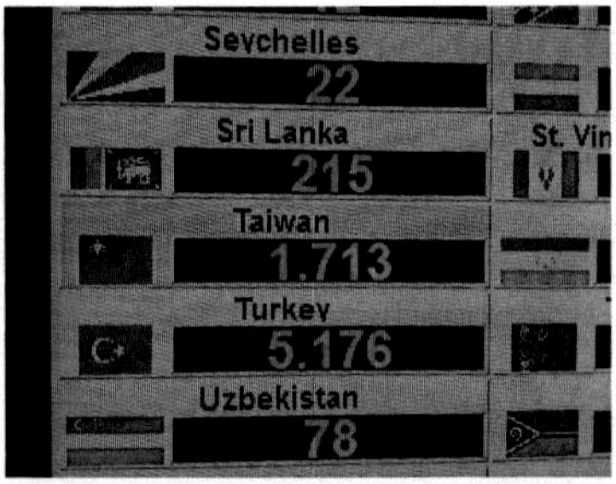

二戰納粹開始對猶太人分類，驅離原本家園

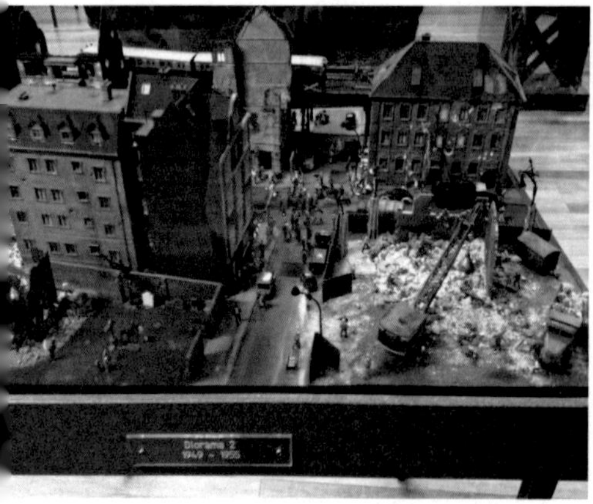

1949-1955開始重新建設

二戰後期，被大轟炸過殘破的家園

1989年11月，推倒柏林圍牆，東、西德統一

1969-1989冷戰時期，建起了柏林圍牆，分隔東、西德

還有白天夜晚的區分，夜晚時演唱會就開唱了！四周響起了音樂和亮起了螢幕，歌手和舞群在舞台中間旋轉了起來。

這個巧克力工廠，真的可以產出巧克力，巧克力製作出來就會滑到這個鐵殼中，讓你免費拿取，但是當然巧克力一出來，馬上就被小孩子搶走了。

好啦！大家看到現在可能覺得，啊？不過就是更縮小版和精緻版的台灣小人國，雖然裡面的小人沒有被破壞拔走，我這酸民也覺得，這個也還是沒有構成他是排名第一名的理由啊？接下來我走到下一層樓，裡面人山人海，我看到這場景，我就知道我剛剛想的都錯了。仍然是模型小人國，但是這規模比剛剛看的大上幾百倍，重點還不是規模，是裡面的所有的東西是活的！！當然不是真正的活的，而是裡面的機關多到讓你覺得這些迷你世界栩栩如生。

我寫到這裡，我可以理解為什麼這間迷你博物館會是排名第一名的原因了，而在現場，不光只是小孩子瘋狂，連大人也陷入瘋狂，尤其是男性，拿著相機拼命對著模型火車照相，對於這間博物館的評價，我可以引

你以為汽車和火車只是不間斷地跑那就大錯特錯了！他們還有設計事故，圖上的橋段就是車禍請救護車來支援。

飛機場的飛機真的飛起來了！上面還有安排不同航班的起飛。到晚上時還會亮起警示燈。

船會動，火車進站會停下來，沒多久才再行駛，BTW, 火車裡都有坐著人！

晚上大家跑到足球場看足球，兩邊的螢幕撥放著場內畫面和歡呼聲

建築物裡面並不是空的，裡面竟然還有人在開Party！

背後的操控，是一堆複雜的路線圖

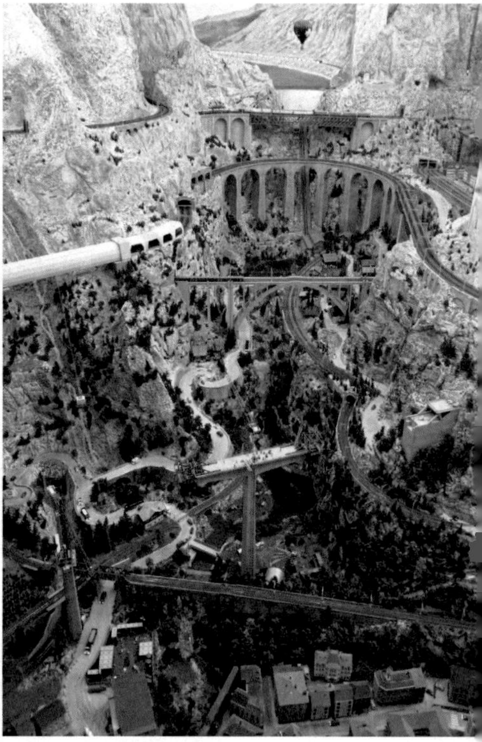

裡面的熱氣球是會動的

這艘超級大船也在緩緩地移動中

用一位外國人在Tripadvisor對此博物館的留言，這間玩具博物館不僅僅是玩具博物館，他們玩玩具的心態可以玩到讓外國人羞愧！

開放工作室給民衆參觀

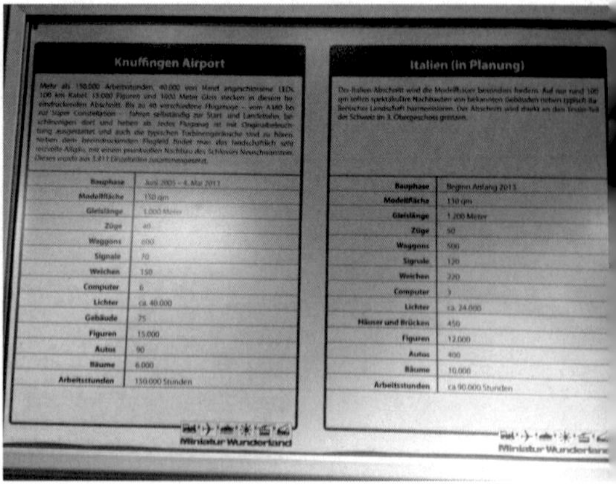

還在陸續擴充中，非常有計畫性，下一個是義大利區。

【Germany 德國】鐵路交通系統

話說一到歐洲來，就一定要坐火車，怎麼說呢？我就偏不信，坐巴士一定比火車便宜，結果沒想到，就是有些地方，竟然有火車站卻沒有巴士站啊！！？？而且票價相對而言，火車票還比巴士票便宜！！？？

歐洲火車分很多種，除了火車類別有快、慢之分，而同一班火車內，也會分一等車廂和二等車廂，快的火車，一等車廂和二等車廂都會劃位，還有冷氣伺候，而慢的火車哩？也是有分一等車廂和二等車廂，一等車廂有劃位、冷氣，二等車廂，沒冷氣，而且先搶先贏，無劃位。這差異，當然是看金額的多少，對……我就是坐沒冷氣又要搶座位的車廂，我是賤民。每次搭火車都要汗流浹背。

而德國的交通系統，有什麼好說的？不是就上車買票，下車補票？客倌你就錯了，大錯特錯了，台灣的交通系統很簡單，像是火車，自強號和莒光號就是先買先贏，相同的票價，先買就有位子，後買就是一路站著底，每天的票價都一樣，一個蘿蔔一個坑，一個成人就是要一張票。但是到了中歐後，對於鐵路車票，我開始傷腦筋了，怎麼說呢？

一、購票方式不同，中歐和德國的購票系統和台灣不同的是，買票是買票，查詢時刻表是查詢時刻表，這是兩個不同的窗口，不像台灣的櫃台，櫃台人員是全部都要幫忙回答，連附近哪裡有廁所都要幫忙回答，而他們分工很細，如果你不知道時間，請你先去information問清楚時間，再來我的窗口買票，我只負責賣票，不負責詢問時刻。

二、台灣的火車座位等級，只有兩種，坐票和站票，很簡單，一翻兩瞪眼。歐洲的座位，還分了一等車廂和二等車廂，像台灣的高鐵模式，除此之外，還有分成包廂型、和普通座位。

三、德國的火車等級分了很多種：ICE（InterCityExpress）、EC、IC（EuroCity和InterCity）、IR（InterRegio）、RE、RB和SE，主要由快到慢，就像是台灣的高鐵、自強號、莒光號、電聯車、平快的概念。

四、歐洲火車還跟台灣火車有一個很大的差異，歐洲的火車跑一跑還會分開跑，前面車廂要去北部，後面車廂要去南部，所以你不能隨便找到包廂就坐進去，你必須坐你指定的包廂，不然你有可能一覺睡醒，結果你已經跑到其他的地方了，他們會在車廂外面標誌前往的地點，所以大家必須要特別注意啊！不能只是上對車，還要上對車廂。

五、德國鐵路系統之精密，他可以在你買票的時候，就可以馬上跟你講在第幾號月台等車？（我買的時候至少是發車前兩個禮拜），說實在，我真的覺得不可思議，也許有人會覺得這有什麼了不起？台灣我永遠都知道南下在第二月台，北上在第一月台搭車等等，但鄉民要想想，台灣才幾條鐵路，歐洲有幾條鐵路？歐洲大城市的火車站，月台都二十個上下，可以做到時間調節和火車調度，真的不容易。但我還是要說，這不代表每個歐洲城市都是這麼精密，因為在義大利，也是等到發車前十分鐘，大家張望著月台號碼，等數字跳出來後就會看到大批人遷移到月台的畫面。

六、火車訂位需要額外的價錢，那時我所知道的，如果我想確定我一定有座位可以坐，必須再花七歐元，謝謝！而他就會在座位上的標牌寫上我的名字。

七、如果我不想要多花七歐元，卻還是想確保有位子，我要火車出發前兩小時到火車站去搶位，他會開放一到兩節車廂，專門給這些想省錢的年輕人。

八、如果我沒有花七歐元買車位，又沒有在發車前兩小時去搶位（或是沒搶到位子），我就只能在發車時，直接上火車找位子，那些是我可以坐的位子呢？就是找座位上的標牌是空白的位子，代表這些位子是沒有被預訂的，這些位子我可以坐，但也代表我有可能沒有位子坐，因為這些位子也可能被別人坐滿了。一開始對於這負責的訂位方式搞矇了，不懂為什麼訂位要另外花錢，為什麼不能先買先贏？這樣不是很方便嗎？後來想想，這種方式有他們的意義，讓真正有需要座位的人，一定有位子可以坐，像是孕婦、行動不便又或者是老人等等，而不會變成孕婦要用站的或是媽媽抱著嬰兒卡在路中間的窘境。

九、德國的鐵路系統是我所遇過最複雜又最有邏輯的系統，怎麼說？因為他是我第一個在還沒買票前必須先到網路查詢如何買票的國家。還有達人出書在教導大家如何購買德國鐵路車票，從這裡就看出來，他真的很複雜！對於觀光客而言，通常會買的票就會是希望一天之內可以無限次搭火車，去到最多的景點。主要會用到的就是邦票（Bahn）。何謂邦票？簡單而言，德國的「邦」就是台灣「縣市」的概念，像是一天之內在台北市無限次的搭乘火車都是均一價。德國總共有16個邦，每個邦都有自己的車票規定，但大致上都是一到五人可共用同一張邦票，所以人越多，越划算。但是便宜一定會有它的限制。1.很簡單的，這張票只能在這個邦裡面使用，不能跨邦使用。所以必須要詳細的規劃一天的路線才行。2.這張邦票只能用在慢車上（RE、RB和SE）還有S-Bahn（市郊地鐵）、U-Bahn（地鐵）、Tram（輕軌）、Bus等等，不能用在快車上。但是如果你想要跨邦遊玩呢？該怎麼辦？不用擔心，他們還有所謂的周末票和跨邦票。周末票，顧名思義就是只能在周末使用，但是他可以跨邦（全德國）使用，但是票價就會比邦票再貴些。跨邦票，就是在平日時跨邦使用的火車票，票價也是比邦票貴，但是比周末票便宜兩歐元左右。你會心想說？這是什麼亂七八糟的東西，搞得我好亂啊?!其實簡單來想，先用區域劃分，如果你要去的點，都是在同一個邦內，就直接買「邦票」，如果你要去的點，已經會跨邦了，就再以時間區分，如果是平日（星期一到星期五），你就買跨邦票，如果是周末，請買周末票。這樣想就會簡單許多。

十、德國的鐵路購票機器，真是他×的方便又好用啊！~我第一次看到這麼縝密的鐵路系統，舉個例子，我如果從A地到達B地，在早上十點，只搭乘慢車和其他車種（非快車），系統就會幫我篩選好，早上十點開始，從A地到D地轉車（慢車 or 地鐵 or 輕軌 or 公車），從D地到B地（慢車 or 地鐵 or 輕軌 or 公車），提供非常多種的排列組合，我可以馬上很清楚的知道哪個組合是對我最有利的。並且，更讓我吃驚的是，他可以連從公車站走路到火車站的步行時間都先幫我預設進去，你可以不用擔心你會錯過下一班的火車，不然，你自己也可以抓一個你自己覺得比較保險的組合。這種系統的背後，要建基在一個非常龐大的運輸資料庫上，而且，要確保所有車種的發車時間必須是精準的（連同公車），不然這種系統會是像廢物一樣，沒有效果。

十一、雖然我把歐洲的火車講的多神多神的，但是也是會出現慢分的狀態，而且一慢不是慢分，是慢時啊！！~~都是以小時來算的，而且歐洲也常常會有鐵路公會罷工等等，這也不是用慢分就可以計算的，可能是幾天都沒辦法搭車。所以我覺得台灣人請勿太苛求台鐵，在一個小時內的慢點其實都還好的啊！~

十二、差點忘記補充一點，但這點對背包客非常的重要，通常歐洲火車上面非常地便民，每節車廂裡面都會有一到兩個區域讓乘客放行李，你就不需要每次都不知道行李要放哪裡的窘境，而即使是車廂式的，行李可以堆放在頭上方的架子，更貼心的事情是！竟然在牆上還有裝上鏡子，讓乘客隨時都可以確認你的行李還在不在原位？這對於每十分鐘都要確認一次行李還在不在的我，這真的是大加分！

如果搞清楚了鐵路系統，大家都很輕鬆地搭乘火車到處玩透透了~

【Germany 德國】格林童話故事小鎮巡禮

大家都是南德就要去國王湖、新天鵝古堡，而北德呢？就是格林童話小鎮巡禮啦！~因為著名的格林童話故事背景都聚集在北德的各個小鎮裡，雖然格林童話真實版沒有大家所想的這麼快樂，我先說我絕對不是因為看了令人戰慄的格林童話才這樣說的，因為我相信在那個時代的生活環境，每個故事並不會是這麼的美好。我相信一定是經過多次的修改，才變成現在耳熟能詳的童話故事。但是這不會改變我去這些小鎮的興致，我就買了所謂的邦票，開始進行我的小鎮之旅。

通常一天最多可以去個三個地方，其他的時間就是不停轉乘火車、公車等等，途中發生了一個小插曲。我去完小紅帽的故鄉後要先轉公車去搭火車，在等待公車時候，突然一大群小朋友衝過來也要搭公車，看起來是小學生剛放學的樣子，所以我就跟著這一大群的小學生等公車，大家雞哩瓜啦的講著我聽不懂的語言，公車發車的時間越來越接近，就看到了一台公車慢慢開進來，我就一個箭步急著上去，沒想到這一大群小學生也跟著我一起搭了這班公車，結果這班公車馬上充斥著小孩子的嘻笑怒罵的聲音，但是司機大叔疑惑的看著我，問了我一句德文，我一臉疑惑的表情看著他，想說是不是他以為我沒有拿車票？趕快秀出我的車票，但是他又搖搖頭，對著全車這一大群小朋友大喊了一

吹笛人，水池下面都是老鼠雕刻

小紅帽比我想像的凶狠

句話，頓時間！整台車的小學生竟然全部鴉雀無聲，我心想：到底講了什麼啊？我隔壁的小男孩一臉很緊張，在我後面的一個小胖子男生，拍拍我的肩膀，很努力地用英文說出：「You go where?」還用手指指了指我，我一聽，說：「Oh! XXX!」司機大叔就對我說：「Next! Next!」比了比車門口，我才理解我坐錯車了，馬上說：「Thank you!」結果整台車突然爆出歡呼聲然後又開始非常的吵雜，隔壁的小男孩還很用力地吐了一口氣，這是怎樣啦！？我看到都超想笑的！我相信那時候司機大叔一定是對著全車的小孩子問說：「你們誰會說英文啊？幫我問她去哪裡？」

七隻小羊與大野狼

布萊梅大樂隊

【Germany 德國】旅行的價值

在歐洲最後一站，柏林的青年旅館哩裡，認識了一位孟加拉人，他來這裡當intern，順便小玩幾天，我跟他說我離職花光了錢環遊世界，許多人都覺得我很傻，把所有錢都砸出去，什麼東西都沒有得到，別人砸錢出去唸書，至少還有個文憑，我。。。有什麼？他回說：「你給了你自己一個機會，像我這次來，我也給我自己一個看世界的機會，不然我永遠都沒有機會離開我的國家。」他指了指自己的左胸口，看著我說：「你這裏得到了很多大家一輩子都得不到的東西，這很值得。」

【Germany 德國】亞洲人的相遇

每次在國外的旅行團體中或是旅館中遇到亞洲人都會呈現很微妙的狀態。

通常一進到房間，裡面如果都是歐美系的白種人的話，就會馬上開口說：Hi! Hello! 開始亂哈拉一些話，但是如果裡面有亞洲人的話，對方通常不會說話，從你進來的一開始對你行注目禮，那神情。。。說怎麼怪就怎麼怪吧！~然後互相像是剛初戀的小女生，互相一直觀察對方，但是卻又不上前攀談，又希望能看到什麼蛛絲馬跡可以知道對方是哪裡人，就這樣眉目傳情傳來傳去，傳到最後不了了之。然後初戀就這樣就結束了！

個人猜測會這樣的原因：一、大家都知道對方的母語一定不是英文，所以開口用英文會很怪。二、亞洲人沒有跟歐美人士一樣會跟陌生人哈拉的習慣。大家猜來猜去的結果，導致韓國人以為我是韓國人，日本人以為我是日本人，台灣人以為我是香港人。

狀況一：

無聲的對你全身進行斷層掃描，然後默默地做回自己的事情。

狀況二：

在義大利的旅館遇到一位韓國女生，我們兩個認識的方式實在是太有趣了！那時我人在交誼廳用電腦，我看著她在看著地圖，然後她轉頭看到我，朝我走過來很近很近的看著我都不說話，一副很疑惑的樣子。害我小生害怕，想說怎麼了？

結果她開口說：「Are you Korean?」

啊！？你可以問話，可是有必要靠這麼近嗎？我回說：「我希望我是，但抱歉我不是！」

....
15cm
? ?
ME

Are you korean?
15cm
ME

中東：第四站

Middle East

【Jordan 約旦】Amman安曼市區一日閒晃

終於離開歐洲這個貴鬆鬆但是卻有制度的地方，到達了約旦首都，安曼。一直以為中東會比歐洲便宜，完全是大錯特錯了，約旦的幣值跟歐元差不多，跟台幣比是1 JD：41.5 NTD，真的是貴鬆鬆。抵達安曼機場的時候已經是晚上九點多了，前往旅館的唯一方法就是搭乘計程車了，原本看旅館的指示說差不多22JD，結果坐上計程車，我跟司機說差不多22JD是吧？結果司機說：不，要25JD，因為你有一個大行李箱，不然我要收更多……更……果然到了計程車不跳表的地方，就必須一直跟司機討價還價，後來想想已經是晚上了，跟日間計價會不一樣，就懶得跟他說了。司機還跟我聊天，說歡迎來到約旦~~開了一陣子後，感覺越來越熱鬧了，卻沒有越來越繁華的感覺，為什麼我會這樣說呢？意思是指人雖然變多了，卻沒有身為一個國家首都的規模。司機跟我指了指，說：「這裡就是安曼最熱鬧的市中心。」，我看了看，兩旁矗立著破舊的白色建築物，街上林立著攤販，賣著衣服和日常生活用品，衣服就直接堆在一層瓦楞紙板上，大家都在地上挑選衣服，當然街上也飄著垃圾和流著不明液體，汽車不停地經過，雖然有交通號誌，不過大家也不太怎麼在意，馬路必須是強行經過，說實在，一開始還有點不適應，是，我在安曼了。

安曼最熱鬧的市中心

原本是打算一到安曼直接過邊界進以色列，後來發現飛機抵達時間也太晚了，不如住個兩晚先看看情況吧～～隔天一大早，對於安曼市區也沒有什麼計畫，查了查Tripadvisor，好像也沒什麼景點，可以去看一看的應該只有Roman Amphitheater「羅馬劇院」和the Citadel「城堡山」，我住的旅館Jordan tower hotel就在安曼市中心，所以都可以步行前往，說實在，約旦政府對於遺跡的保護感覺並不怎麼注重，走在市中心一個轉角，你會發現遺跡就出現在一群攤販和垃圾車的隔壁，只用鐵欄杆圍著，也沒有人在意，距離旅館五百公尺就是羅馬劇院，看到一些觀光客搭著觀光巴士下車，找不太到人賣票，也沒什麼人在管，就莫名其妙走進去了，看著大人小孩在劇場內爬來爬去，這算是少數保存良好卻有讓人隨意攀爬的遺跡了。

走出來後，才突然驚覺原來賣票的地方是入口外的一個小屋子，我這次就莫名其妙地逃票了，重點是卻也沒有人驗票也沒有人攔阻，門票應該是每人1JD。

之後抱著散步的心態前往the Citadel「城堡山」，城堡山，顧名思義其所在位置就在山上，其實就在羅馬劇院的對面，我拿著手機的定位試著直接前往，在爬坡的時候，對面一位男子，看到我就叫住我，然後比了比先往左走在往上的手勢，我就想：恩恩…那就再往左走吧～之後又碰到一位穿著長袍的長者，也是看著我，指著左邊再往上的動作，更加確認我走的方向應該沒錯，最後碰到一位小孩，跟我比著山上的手勢，然後跟我說：Come！～我就默默地跟著他走，半途心中有想過如果他帶我去奇怪的地方怎麼辦？因為小孩子帶我走到像是住戶的小巷然後往上爬，後來想想他應該會

羅馬劇院入口

羅馬劇院内部

奇怪的「偽」遺跡入口

爬山的半途

跟我要個帶路費吧？就跟著他後面走，爬上去後，他就跟我說：1 JD，我就心想：果然是要小費，我就說：我身上只有0.5JD，他看著看硬幣，心想真的沒有了嗎？然後就默默地離開了，可是我就覺得，這個遺跡也太難進去了吧？還要有人帶路才可以進去？大家真的都走這條路進來的嗎？後來我發現我錯了。。。大大的錯了。。。進到遺跡裡後，其實發現這個遺跡是有規劃的，雖然很簡陋，而且。。。我看到了。。。入口。。。沒錯。。。是入口。那我又是從哪個地方上來的呢？當下發現，沒錯，我又莫名其妙的逃票了，所以那個小孩子要跟我收1 JD，據了解，門票是2 JD，如果你給小孩1JD，你還是賺到的。而且走在路上的每個人都跟我指著逃票的路線，因為如果是真正的入口明明是要走右邊啊！！

從城堡山上可以照整個安曼城市的全景，整個城市充滿著白色，沒有其他的顏色。遺跡的路線其實真的很不明確，你會很自然地不小心直接踩在遺跡上，也沒有柵欄圍起來，

市中心的喊拜樓

「正」入口

遺跡內部

Rainbow Street

隨便你走，沒有人管

不過感覺當地人也不是很在意，所以很多外國人就直接抱著柱子或是

站在台階上擺姿勢照相。

在逛遺跡的同時，還不時聽見喊拜樓撥放可蘭經的廣播，經文就在整個城市內迴響，這種經驗，也只會出現在回教國家吧~

逛完這兩個遺址，也才下午兩點左右，就再去看看他們的Rainbow Street吧！~~雖然不知道為何出名？但去看看就知道了。安曼本身就是到處是小山坡的山城，所以爬上爬下真讓我流了不少汗，好不容易到了Rainbow Street，其實有點失望。。。應該就算是安曼的天龍區吧~~，這個地方是外國

人聚集的地方，街上有許多的酒吧和較高級的餐廳，也比較乾淨，在街道的起端和底端都有警察駐守，也是確保觀光客的安全吧？看著外國人坐在酒吧裡抽著水煙，不知道為什麼感覺很靡爛啊～～但其實店家並沒有到處林立，一條街數一數可能差不多20間店左右。

結論：安曼本身其實沒什麼好逛的，所以大家都把這裡當作前往敘利亞或是以色列，又或者直接前往Petra的轉運站。

從山上照羅馬劇院

【Jordan 約旦】小黃愛亂來

話說約旦首都安曼是一個區域劃分非常奇妙的地方，也可能是因為有許多區塊是安置難民的地方，每條馬路都是彎彎曲曲的，一開始看到安曼的地圖，腦袋當機了五秒鐘，我自認還蠻會認路的，但是第一次感覺有了地圖卻還是不會走的窘境。當路不熟的時候該怎麼辦哩？真不行只能搭小黃了，安曼的小黃是會跳表計價的，看到這個我還蠻欣慰的，至少不會漫天開價，但仍然有討厭的事情發生。

安曼有許多公車站，最大的一個公車站距離我住的旅館有一段路程，所以最快速的方式就是搭上計程車前往，旅館主人很好心，跟我講說差不多價錢是多少，不會再多，在去公車站的路上沒什麼問題，結果再從公車站準備回來的時候，就有點麻煩了，因為公車站並沒有像台灣一樣有規定一台一台計程車排班，只有零星的計程車停在公車站，然後司機站著聊天這種的，一看到就覺得麻煩，果不其然，問了其中一台，我問說：「車子可以跳表計價嗎？」回說：「不行，就是XX JD。」我又不想讓他騙錢，只好找下一台，但是這裡的計程車已經寥寥無幾了，看到一位外國人準備上另外一台計程車了，我就直接殺過去問他：「你是要去市區嗎？我可以跟你一起共乘嗎？」那位外國男生很爽快的答應了，心想說兩個人分擔總比一個人付好，就出發了。

上車後看了一下跳表機有在運作就安了一半的心，開始跟隔壁半途殺出的同伴開始聊天，我問他要去哪裡？他說只要到市區就好，他要跟他朋友連繫，但他希望先到市區找個有網路的地方，我就跟他說，那可以到我住的旅館附近，我住的旅館有提供免費wi-fi，然後開始阿里阿渣的亂聊，可是車開著開著，路線越來越奇怪，司機都一直走一些彎彎曲曲很狹小的巷道，不是走在大馬路上面，我手上一直開著Google Map，心中的疑惑越來越大，我將我的疑惑講給我隔壁的夥伴聽，沒多久後，我隔壁的同伴推了我一把，叫我看他手機上的訊息，他打上「我剛剛看了下碼表，他的價錢跳到超乎想像，我想我們等一下丟個5JD直接趕快離開。」我也探了探頭看了一下前面的價錢，媽的哩！這是什麼價錢啊？已經瘋狂的跳到80JD以上了（1JD =41新台幣）我就也用手機打上「不可能超過3JD！」快到旅館的時候，我已經認識路了，車卡在車陣中暫時不能動，我直接跟隔壁拿了1JD，加上自己手上僅有的2JD，（不能拿面額大的讓他找，因為對方可能不會找錢），我們叫司機停車，兩個人都平安下車後，直接塞了3JD在司機手上，趕快離開，重點是，司機也沒有說什麼就默默離開了，可惡！他明明就知道跳表跳太高了，我超憤怒的對我同伴說：「他根本沒說話！！！他明明知道！」計程車愛取巧賺錢真的是到處都是。

【Jordan 約旦】長途巴士的交通

約旦的交通，恩。。。。。現在一想到就覺得有淡淡的哀傷，跟隔壁的以色列比起來，實在是差太多了，怎麼說呢？他們有一種品質比較好的公車公司，JETT，外國人通常都搭乘這間公司的，原因是，他有時間表。耶？這是理由嗎？不是巴士都應該要有時間表嗎？準時發車？不！在約旦並沒有！在約旦的習慣，要去一個地方，必須有車有人，人滿了才會發車，所以發車時間，未定。多麼的刺激啊？！突然從一板一眼的精準德國突然跳到這麼隨性的約旦，整個都開始歡樂起來了！不過JETT也有缺點，因為價錢會比較貴，所以據點也不會非常多，而且會出現有從A地到B地的車子，卻沒有從B地到A地的車，我一度懷疑，那這些到B地的人，都蒸發到哪裡去了？約旦的公車，我真搞不懂你~

最印象深刻的搭車經歷，就是南部的Aqaba搭車前往Petra的時候，說公車站其實也不像是公車站，就只是一個地區排了許多公車，通常大車是前往Amman的，而那種十幾人座的，就是前往其他地區的車種，為了保險起見，我特地前一天去探路，詢問站在那邊的司機，如果要去Petra，什麼時候有車，結果他們回我說：「One bus per day，Come 9 o'clock tomorrow.」我心裡想說：一天才一班，那我一定要提早到啊！！隔天，我拖著我那碩大的行李終於抵達公車站後，發現根本沒有什麼人，只好問站在那邊的人說：「Petra的車是哪一台？」他們就指了一台上面根本沒人的小巴士，然後跟我說：「你如果坐巴士，你可能要等兩小時、三小時，坐計程車，你不用等，直接可以去，我可以載你去。」我那時心想：不要再騙我了啦！坐計程車多貴啊？而且等發車有可能等到三小時嗎？怎麼可能啊？我就毅然決然拒絕，然後提著行李上小巴士了。

。。。。。。三小時過後（烏鴉飛過。。。），更！我真的還在原地！小巴士完全沒有動過！到了正午十二點，才陸陸續續有人上車，司機才跳上車，準備發車，三小時！整整等了三小時！前一天的人一定是呼嚨我！叫我在這裡撲空，然後搭他的車去Petra啦！在此時，我增加了一個新的紀錄等，等巴士等了三小時。歡迎有人來打破我的紀錄。

我就坐在車上三小時…三小時…

【Jordan約旦】品牌的重要性

在安曼旅館時，旅館本身也有安排行程可以讓旅客挑選，人數達到了就可以成行，我們團員的旅客裡，司機大叔要大家自我介紹，一位韓國女生、一位西班牙男生、一位德國女生、一對美國老夫婦和我（台灣人）。結果司機大叔就很高興的指著我說：「I Know! HTC!」然後指著那位韓國女生說：「Samsung!」然後對著我問說：「你用什麼手機？」我十分汗顏的說：「抱歉！我用iphone。。。」結果話一說完，坐在後座的兩位美國老夫婦非常高興的笑了。。。按。。。有淡淡的不爽。。。

Petra - Monastery

【Israel 以色列】約旦入境以色列（Via King Hussein Bridge）

話說計畫去以色列的時候，早已聽聞以色列的邊界說有多麻煩就有多麻煩，還必須要確認是不是還有沒有要去周邊的阿拉伯國家？大家都在擔心如果去以色列後護照上面會蓋有出入境印章，之後就無法進入其他對立阿拉伯國家，在看介紹的時候，的確有一個頭兩個大的感覺，因為的我行程預定是從約旦進，約旦出，中途進入以色列。所以是約旦↓以色列↓約旦的模式，而約旦和以色列的陸地邊境總共有三個，最北邊的Sheikh Hussein crossing /North Border，距離Amman差不多90公里，中間的為Allenby/King Hussein Bridge border，距離Amman最近，距離57公里，而最南邊的為Wadi Araba Crossing，位於約旦最南方，距離城市約旦Aqaba以及以色列的Eilat都很近，計程車約台幣400元左右可從邊境到市區或是市區到邊境。（2013年尾的價碼）。感覺好像沒什麼問題，不過細看才發現這些邊境關口很麻煩啊！！讓我娓娓道來。

大家都希望自己能去到不同的國家，不希望因為去了某個國家而導致其他國家不能去，所以就想盡辦法規避。要怎麼規避哩？就想盡辦法不留下痕跡，這三個邊境關口，只有位於中間Allenby/King Hussein Bridge border這個邊境關口，從約旦出境（蓋在另外的小紙條上）和入境以色列（直接提供一

入境許可證

張入境許可證，這張證件是外國人在以色列的身分證，並也取代了護照上的戳章，在以色列境內必須隨身攜帶，以供軍人檢查。）都不會在護照上面蓋上任何印章。

而這個關口距離Amman和Jerusalem最近，所以是所有外國人的最愛邊境，那。。。有什麼問題呢？不就從這裡進出就好了？問題是，這個關口，從以色列要進入約旦，約旦方面並沒有提供落地簽的服務。你想入境回約旦他不給你進去！所以！！！如果要從以色列回約旦，解決的辦法只有兩種：

1.從北方或是南方的關口回約旦。

2.先在以色列辦好約旦簽證。

曾經在網路上有說如果短時間內（十四天內？）往返約旦，是不用再辦約旦簽證的，但是這種說法人云亦云，還是保險一點比較好，免得白跑一趟。（P.S.之後我從南方關口入境約旦時，他還是要我辦「新的」約旦VISA，只不過再辦約旦VISA不用再給錢），從以色列離境，還必須繳交一筆離境稅，北方和南方的邊境都是105 ILS（2013年10月），而中間的最貴！要價176ILS，頓時覺得以色列真的是一個吃人夠夠的國家！由於以上種種的原因，我選擇了從Allenby/King Hussein Bridge border進入以色列，而從南邊的Wadi Araba Crossing回到約旦，最後，我想說的是，想要規避以後無法進入阿拉伯國家的方法，其實最簡單的方式是，先去玩完周遭阿拉伯國家再來玩以色列，就不用想這麼多有的沒有的！前言介紹完畢，現在進入主題。

我在約旦Amman住在Jordan Tower Hotel，旅館人員很幫忙，他會安排所有旅客的交通工具，像我們出發的那一天，我們這個旅館總共有七個人要前往邊境，旅館就幫忙安排八人座車，每人只需付10JD，而好死不死我們要出發的那天剛好是星期六，是以色列的Sabbath（安息日），所以以色列邊境在中午就會關閉（準確的時間點綜說紛紜，問了不同的外國人，一個講十二點，一個講十一點），所以大家早上七點半從旅館（Amman）出發，四十五分鐘後到達約旦邊境，卡在約旦離境處到十點，為什麼會這麼久啊？？不是說以色列邊境才是重頭戲嗎？怎麼在約旦邊境就卡住了？約旦邊境很妙，他總共有三個窗口，簡單分為ABC窗口，A窗口負責收護照，B窗口是繳交離境稅，C窗口是負責整理護照和蓋章在紙條上。（重點！並沒有馬上發還給大家！）。AC窗口緊鄰，所以A窗口的海關會將護照直接遞給C窗口的海關人員。我們一群人抵達約旦邊境後，大家乖乖地開始排隊，海關提供一張紙條，要大家寫上自己的姓名、護照號碼和國籍，排了好久發現怎麼隊伍都沒有動靜，一直看到A窗口塞了一大堆人，後來才發現，他們根本插隊啊！！！哪有這樣的啊！就一個人帶著二十到三十本的護照一起遞給了A海關，然後我們就等到天荒地老，隊伍一點都沒有前進，前面的西班牙人還先去B窗口付了離境稅和從約旦邊境抵達以色列邊境的巴士車票（壟斷事業，一定要付錢，每個人本身5 JD，如果有行李要多付1.5JD）。

我們這群外國人忍無可忍，也把大家所有人的護照集合起來，一個澳洲女生自告奮勇的插隊幫我們繳交所有的護照，才終於脫離這個永遠到不了的十公尺距離，由於兩個西班牙人是昨天晚上抵達Amman而今天就要離開，所以不需要繳交離境稅10JD，所以推測是二十四小時內入境約旦又出境約旦是不用繳交離境稅的，C窗口海關還特別走到B窗口把錢退給西班牙人，終於都通過了，然後呢？我們的護照哩？就看到C海關把大家的護照全部放在抽屜裡就沒了，護照是我們的生命啊！他們就叫我們買好票在車上等，所以我們每個都惴惴不安的在車上等候，開始互相聊天，一個美國男生說：「這樣趕的到以色列邊境嗎？邊境何時關啊？」一

過境巴士車票（2013年）

個澳洲女生說：「如果我們沒趕到怎麼辦？我們要被遣返回安曼嗎？」大家齊聲：「Oh! No!～～」後來一個德國女生受不了了，就說：「嘿！嘿！嘿！大家！不要把事情想得太糟，事情還沒有發生，我們可以安全過關的。」中途又有人陸續坐上車，在車上等了半小時後，終於！海關上車發護照了！！他一個一個叫名字，然後發還給大家，可是還是有些人沒有被叫到名字，又必須再等！我實在想說！這種方式真的超級沒有效率的！！我們必須等到所有人都拿到自己的護照才能開車啊！約旦邊境！如果因為這樣導致我們進不去以色列！我會恨你！好不容易大家都拿到自己的護照，終於開往以色列的邊境，結果短短的幾百公尺路程，花了一小時在車上等待。

快十一點才抵達到以色列邊境開始進行排隊檢查，看到長長的人龍我的頭就開始痛了，這群外國人仗著自己是外國人，插隊啦！！其實沒有啦！他們發現這長長人龍是為了安排托運行李，他們是背包客，所以打算直接省略，我當時不清楚，直接就跟著他們插隊～哈哈哈！～～因為我有行李啊！我後來才發現不對勁，不過已經來不及啦！～因為我直接插隊到托運行李的最前端，托運行李的人員就直接把我的行李貼上條碼帶，準備放在輸送帶，然後大叔跟我說了一句話：「你忘記什麼了嗎？」我頓時懵了，我忘記什麼了嗎？結果看到隔壁一家人的行李貼上貼條，隔壁的爸爸很自然地塞了5JD給托運人員，我才驚覺，原來是小費，托運行李的人員還跟我要小費！！？？我只好快速的塞了1JD給他，然後排到隊伍中領取貼紙，這個領取貼紙的過程，是個冗長又無聊的過程，這麼多人卻只有一個窗口，而在領取貼紙時他又會問一些問題，天啊！這要花多久時間，而又有許多婦人擺明的插隊，跟我講了一大堆聽不懂的話就擠上前，整個過程讓人非常不高興，貼紙會貼在護照背面，但我不清楚有何用意，進去房間內又繼續排隊，進行通關和海關問訊，我看著外國人的隊伍，想著我應該不會有什麼問題吧？輪到我時，是一位中年婦人海關，帶著副眼鏡用餘光看著我，問了我一些基本問題，我也都回答了，然後她又問你的銀行存款有多少？我心想？啊？銀行存款？我隨便講的大概的數字，就一萬美金好了，一定夠在以色列生存一個禮拜了吧！「Ten thousand dollars」我說，結果不知道是我講得太小聲還是這位老婦人沒聽清楚，她突然很大聲的說：「You say ten dollars?」我一聽，大喊說：「No! No! Ten thousand dollars, Not ten dollars!」毀啦！結果她開始很嚴肅地跟我說：「你知道以色列是一個很昂貴的國家，你說你只帶十美金？！」我就一直解釋我不是只有美金十元，God!我心想難道會敗在這個重聽老太婆身上！

還好剛好到了要交班的時候，換成一位老伯伯，那位老婦人還特別交代老伯伯說我的帳戶說有一萬美金？！（還特別提高聲調，又用眼鏡餘光看我！），換成這位老伯伯重新問話，我就交代我來這裡多久，高興的是他沒有糾結在我的帳戶了，但他提到我之前去過哪些國家，我就說很多，我必須要全部說出來嗎？我大概講了南美洲、歐洲等，他回了我一句，你的護照是新的？我心裡的OS：媽啦！不要再搞我了！不要再問了啦！我只好回答說：「是的，我的護照在南美洲被偷了。」心想說他一定要問一堆有的沒的，沒想到這位老伯伯沒說話，過三秒後說了：「Welcome to Israel!」啊！！～～～老伯伯海關！我愛你！～～終於放我過去了！過海關問訊後，到達一個小閘口，還不能領行李，他要求你提供護照，然後他會給你一張一開始提到的入境許可證，取得之後終於可以領行李了，就看到大家的行李散置在整個大廳，說實在，整個過關的場面真的很混亂，花了大約兩小時左右。好不容易拿到行李又拿到入境許可證後，搭車前往耶路撒冷，唯二的方式就是搭計程車或是搭麵包車，計程車想當然我排除在外，麵包車每人47 ILS（人42 ILS＋行李5 ILS），在下午一點半左右，終於到達了耶路撒冷（Jerusalem 這個英文我一直唸到當機…）市區，再次提醒星期六是以色列人的安息日，所以公共交通工具停駛！我默默地拖著超重行李在大太陽下快一小時，在兩點半Check in。

P.S. 如果沒有Border，這兩個點個距離其實只不到兩小時啊！

P.S. 請不要在星期六過境以色列！這時間實在是太差了！以色列的禱告日啊～

到Jerusalem的麵包車價錢（2013年）

【Israel 以色列】「你相信神嗎？」來自世界各地的參拜者

距離耶路撒冷不到兩小時的車程，離死海車程不到二十分鐘，有個地方叫做馬撒大（Masada），是猶太人抵抗羅馬士兵的最後精神堡壘。這個地方，說實在，普通人根本不會想來這個地方如果沒有這個堡壘的話，因為這堡壘建在非常高聳的土丘上，四周都是一片荒漠，熱！熱！熱！這就是我在那邊的感想，不過以色列人厲害就是在這，在這種看似什麼東西都沒有的地方，遊客中心的餐廳硬是開了一間麥當勞，這根本是荒漠中的甘泉啊！~~我再次離題了。

談談我遇到的這位老先生吧！我是在馬撒大的公車站牌遇到這位老先生的，因為我準備再搭公車到達死海，而他準備搭公車南下，一開始只有我在荒涼的公車站牌等

公車站

荒漠

車，後來看著這位老先生從荒漠中走過來，沒錯！我沒說錯！他的確從荒漠中走過來！還提著感覺很重的髒髒背包，然後把背包丟在長椅上自言自語，沒多久，又來了一位印度小夥子（應該），這位老先生突然開口用不太標準的英文跟我們說話，「你們相信神嗎？」當我一聽到這句話，想說：啊！毀了！。。。。通常會問這句話的人，他們所指的神通常都是唯一的一位。而我總不能反問他說：「Which one?」所以我不想騙人，我回答：「NO…」而小夥子回答他信神，結果這位老先生表情驚恐又大聲的說出：「不相信神的人會下地獄！你必須要相信神！」我一臉尷尬地小聲說：「Hmmmm……Okay……」心中只想到：所以。。。我剛剛是被詛咒下地獄了是嗎？？

不過老先生也沒有繼續再探究這個問題，他開始跟我們說：「你們知道這裡是哪裡嗎？」他指著那一片荒漠，我和那位印度人兩個人對望，可以看的出來兩個人頭上充滿問號，我疑惑地說出：「……沙漠？」老先生說：「不是！這裡就是娥摩拉啊！」如果有略讀過聖經的人會知道，他所說的娥摩拉是指一座罪惡之城，最後被天火給燒毀。我那時候聽到一驚，啊？這裡是娥摩拉？這個什麼都沒有的地方？然後他又自顧自地開始在他背包翻找東西，結果我才發現他的包包裡面，怎麼都裝著土塊啊？？這位先生怎麼怪怪的。。。背了一堆土塊在身上，他很興高彩烈地說：「這些石頭都是從那邊撿來的（同時指著荒漠），我從來沒有點燃過他！這是我第一次點燃！」我看到他把外層土塊剝除，剩下中間的核心，他跟我們說：「這個是Spring stone!」我絞盡腦汁在想，啥是Spring Stone啊？？春石？還是老先生在亂說啊？他把土塊核心擺在地上，劃起了一根火柴，朝那核心點燃，我那時心想，石頭哪能點著啊？這老頭腦子有沒有問題啊？不過我才在想的時候，就看見驚人的一幕，那石頭竟然就開始慢慢地燃燒融化了。。。我超吃驚的！他拿著迴紋針扳直，刮了刮石頭的殘渣，朝我遞過來，要我聞味道，我深深往鼻子一吸，嗆到我猛咳嗽，那強烈的刺鼻味讓我知道那個核心是什麼了。。竟然是硫磺！我也知道他所說的Spring Stone是指什麼了，不是什麼春石，而是指在溫泉的石頭啦！他高興的說：「你看！我這一整袋都是，我要帶回俄國，我的國家！」然後突然放下身邊的東西，面對著天大聲呼喊：「感謝神帶給我所有的一切，我愛你！感謝神帶我到這裡，能夠到這裡實在是太好了！」接著親吻了土地，我看到都呆了，過沒多久老伯等的公車到了，對我們揮別就揹著那一大袋石頭上車了。這老伯。。。好戲劇化啊！BTW，我替老先生小小擔心一下，海關能讓他帶走這些土塊嗎？

【Israel 以色列】死海泥怎麼抹都一樣啦！

前往死海的方式有兩種，一個是在約旦過去，一個是從以色列進去，但是差異在哪裡呢？差異在交通工具的方便性和舒適度，如果從約旦過去，死海周圍是沒有任何的沖洗設備和換衣服的地方，所以如果你要去的話，必須要自己帶水去沖洗，或者你要回到市區後再做沖洗，可是這樣的話，一路上就必須忍受全身都是厚重的鹽層，並且身體還會不斷地掉屑屑在車上，再者，約旦沒有公共交通工具前往死海，所以如果你想要去的話，請坐計程車，跟別人共乘的話會比較便宜。

在以色列方面勒？在設備上和交通上面就方便很多，搭公車可以到最接近死海的一個公共海水域場，海水浴場本身是免費的，但是如果你要換洗的話，需要額外付費。但是大家都想，這樣看起來不是以色列那邊去死海會比較好嗎？但是以色列物價貴啊～搭公車什麼都貴，我一想到我在以色列買了台幣120塊的烤玉米，買了最貴的麥當勞（比歐洲國家還貴），一個雞塊套餐要台幣350塊，這是什麼狀況啊？而相較於以色列，約旦的麥當勞真的是非常的實惠，同樣的雞塊套餐則和台幣竟然才75塊，明明才隔了一個約旦河，怎麼差這麼多？談到死海，是世界最深和最鹹的鹹水湖，也是世界最低的湖泊，這些都不重要啦！重點是人可以浮起來！！！都不用游泳就可以浮起來耶！但是請注意以下事項：這真的很重要，如果身體有傷口，請不要下水！也請不要讓你的眼睛碰到海水，這兩個的代價都是非常痛！所以看到大家在死海都不能有太大的動作，連翻轉的時候都要非常的小心，光是喝到海水都已經是非常的難受了，何況是眼睛和傷口？我非常小心地慢慢走進海水中，當碰觸到海水時，有一種很奇妙的感覺，就像是你的皮膚多了一層，整個把身體包覆在裡面，所以也感覺非常的厚重，沒有辦法非常自在地任意伸展，因為不能在死海裡游泳，其實大家也都是泡一泡聊一聊天，把死海泥抹在身上再泡浸死海中，體驗漂浮在汪洋大海的感覺。我還開玩笑地問說：「這些鹽我可以帶回去煎牛排嗎？」（但是離開的時候，要一直不斷不斷的沖洗身體，鹽分分布在身體的任何細縫裡，連頭髮裡，耳朵裡都是！穿起衣服後還是覺得有一層東西黏附在身上的感覺，乾掉的鹽分就會從身上脫落。）

台幣120塊的烤玉米！

對面就是約旦

【Israel 以色列】Kebab/Gyro/Shawarma，到底差異在哪裡？

在出發前，我不知道Kebab是什麼？在回來後，我超想在台灣開一間Kebab的店。在歐洲和中東，Kebab幾乎成為我的主食，天天吃，三餐吃，吃到怕，在中東還真的不太知道吃什麼？

什麼是Kebab？台灣人聽到這個詞彙覺得很陌生，但是如果換一種說法，大家就會懂了，台灣的叫法是沙威瑪（Shawarma），是啊拉伯文的叫法，中國叫做肉夾饃（自己認定的），正名為「土耳其旋轉烤肉」，在義大利，發現餐廳上面有很多Kabab的字眼，為什麼Kebab會對我們這麼親切呢？因為它便宜啊！它比麥當勞還要便宜啊！在歐洲，麥當勞已經算是廉價食物了，比麥當勞更廉價，卻又可以吃飽的食物，那就是Kebab了，一開始以為Kebab不就一種嗎？台灣的沙威瑪非常地不正宗，只是用大亨堡的麵包中間塞了肉和高麗菜而已，然後塗點烤肉醬，這不是Kebab！（丟筆！）到歐洲才發現原來有各式各樣的Kebab，夾餅皮（Pita）的，用餅皮捲起來的，直接用盤子裝裡來的，用成三明治的樣子的，還有串成一串的，為什麼Kebab在歐洲這麼風行？因為像是東歐或是德國有很多土耳其的移民，所以連帶將飲食文化也帶到歐洲來。

標準的德國式Kebab

希臘的Kebab（烤肉串或是肉條，這在其他國家沒看到）

可是到希臘後，點了Kebab，卻來了肉串，疑？怎麼會這樣？搞得我好亂啊？原來在希臘，原本的Kebab（餅皮夾烤肉）叫做Gyro，而他們所謂的Kebab卻是烤肉串。可不可以不要這麼不同步，搞得我這個觀光客好混亂啊～

那時離開德國時，心裡想終於可以脫離Kebab的魔掌了，才發現我根本是從一個坑跳到另外一個大坑，中東根本是Kebab的大本營啊！到安曼的第一天，小販就帥氣地把餅皮直接放在桌上，桌上喔！不是盤子上！Kebab當一餐相對於其他食物而言，很健康耶！裡面有生菜、肉、洋蔥、番茄、餅皮，肉和餅皮又都是烤的，所以不會有額外的油脂，天天吃Kebab，身體不會壞。但是那時的我，天天想著，請在接下來的一年內，我不想再吃到任何的Kebab，但回到台灣後，卻又很犯賤的想吃！啊！想吃！！！

安曼的Kebab，餅皮直接放桌上，隔壁的沾醬是有名的鷹嘴豆泥（hummus）

以色列的Kebab

用麵包夾的Kebab

用餅皮包起來的Kebab

【Israel 以色列】斯坦結尾的國家到底有幾個？

在耶路撒冷的時候，看到旅館的旅遊指南寫著搭乘公車30分鐘可以抵達Bethlehem（伯利恆），耶？伯利恆？好熟悉的名字，這不是耶穌誕生的地點嗎？雖然不是教徒但也想湊湊熱鬧啊？盡觀光客的義務。一看，啊？在West Bank區域裡面耶？這。。。會不會有問題啊？在抵達以色列之前，一直搞不清楚那

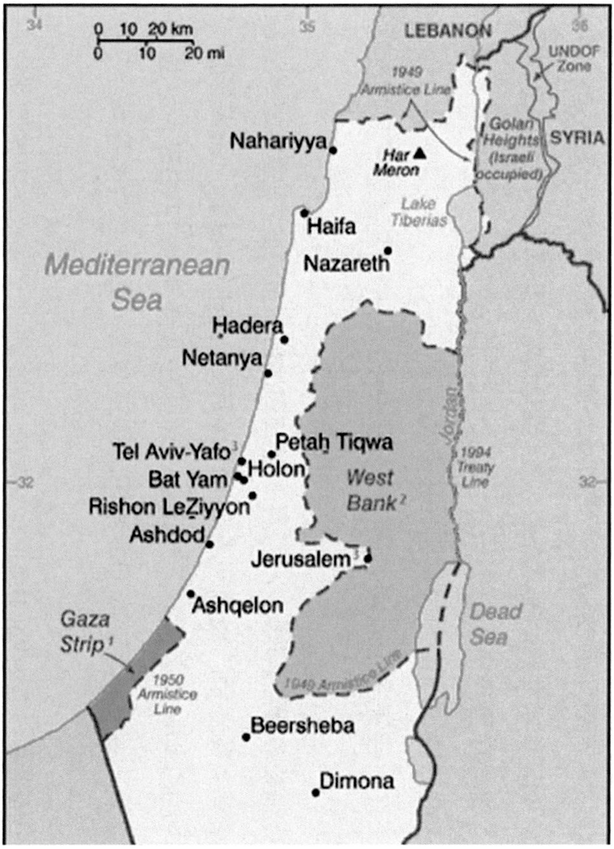

一區塊的土地是怎麼劃分的，只知道這裡的國家從以色列1948年建國以來，紛紛擾擾不斷，國界劃分永遠充滿了虛線。。。

淺黃色的部分就是以色列的國土，而其中那灰色地帶，就是所謂的巴勒斯坦自治區（中間大塊的叫做West Bank約旦河西岸地區，左下角的叫做Gaza Strip 加薩走廊），而有名的以巴圍牆，就是建在這虛線上面，著名的耶路撒冷是在以色列境內，但是非常靠近西岸地區，哇~這麼靠近耶？會不會有什麼問題啊？從電視新聞看，對於巴勒斯坦或是巴基斯坦後面是斯坦結尾的國家，感覺都像是會送你人肉炸彈或是叛亂分子的地方，那。。。事實是怎樣呢？讓我們繼續看下去。

我想，伯利恆一定是觀光客朝聖的地點，問題應該不大吧？重點是旅館還有交通指南耶！旅館人員還跟我說只要帶著護照和以色列給你的VISA就可以了，所以我就搭上前往伯利恆的公車出發！才開車沒多久，司機就停車了，接著車上有幾位男女下車，兩位以色列女兵上車，一位上前盤查每一個人的身分證，我和其他一看就知道是觀光客的人就默默地打開護照和VISA給她看，另外一位女兵用腳擋在車門口以防有人進出。女兵檢查完後下車了，那些男男女女又默默的上車回到座位，我心想，啊？這些人幹嘛下車又上車啊？搞什麼啊？車子開了十幾分鐘後，又被停車攔檢，一些人又先下車，然後兩位女兵上車檢查，同樣的事情再次發生，等檢查完後那些之前下車的人又在坐回位子上，這。。。到底發生什麼事情啊？隔壁的女生感覺受不了了（她是必須先下車的那批人其中之一），她直接下車叫計程車離開，我丈二金剛摸不著頭緒，好不容易終於抵達伯利恆，原本30分鐘的車程因為檢查的關係變成一小時才到，才一下車，突然一群人向前湧上，拼命地問我說：「你要去哪裡？我可以帶妳去。」我說：「我想要去教堂。。。」七八個男人一口同聲的問：「哪個教堂？」我整個被嚇到愣在那邊，隔壁有位跟我一起搭車的包頭巾女生拉著我說：「不要理他們，我們走！」她把我帶到比較遠的路邊後，跟我說：「你要去的教堂要往前走，然後左轉，左轉後一直往前走，你會看到市集，還蠻多東西可以逛的，走過市集再直走，你要看的教堂就在那了。」雖然我自己也擔心迷路，所以帶著Iphone的Google Map定位，不過遇到當地人熱心指路還是很高興的，我跟她說謝謝後，她笑著回答我說：「不客氣，希望你在巴勒斯坦玩得愉快！」耶？哪裡有炸彈客？我看到的都是善良的人民和熱鬧的市集，大家勤奮的工作，雖然不比以色列的現代，但是也沒有想像中的髒亂不堪，把腦海中的巴勒斯坦全部更新了一遍。在回程的路途上，經過了邊境，車上一群巴勒斯坦人慢慢地走下車，從錢包裡拿出了一張證，準備在手上，看到他們自動的排成一條直線，我就在想，啊？我也要下車嗎？可是看到隔壁的英國老先生老太太沒有動作，那我也以不變應萬變的態度來對應，兩位男兵走上車來盤查，看了一看就下車了，車子開過境後，那些巴勒斯坦人才又默默的回到車上坐好，腦袋突然「嘣」的把線索串成一線，下車的，都是巴勒斯坦人，之前來的路程下車的，也都會是巴勒斯坦人，只有巴勒斯坦人，必須下車盤查，手上拿的證件，是以色列發給他們的工作證或是通行證，他們才可以前往以色列，巴勒斯坦人，是次等公民。他們沒辦法去其他的國家，因為他們沒有機場，想飛出國，必須前往以色列，或是約旦，他們有所謂的巴勒斯坦護照，但是必須由以色列核准才可以發放，

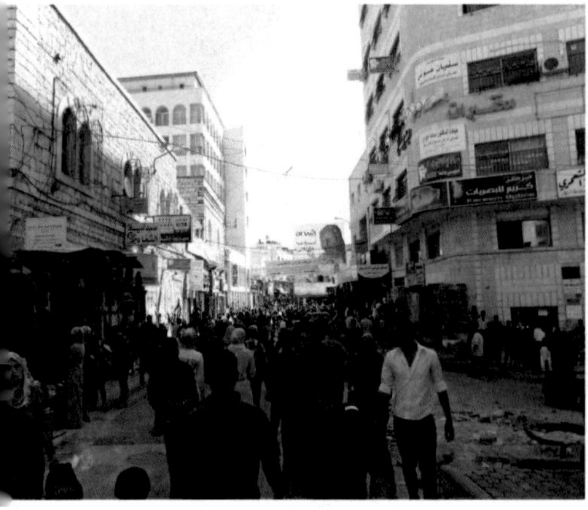

巴勒斯坦伯利恆市區

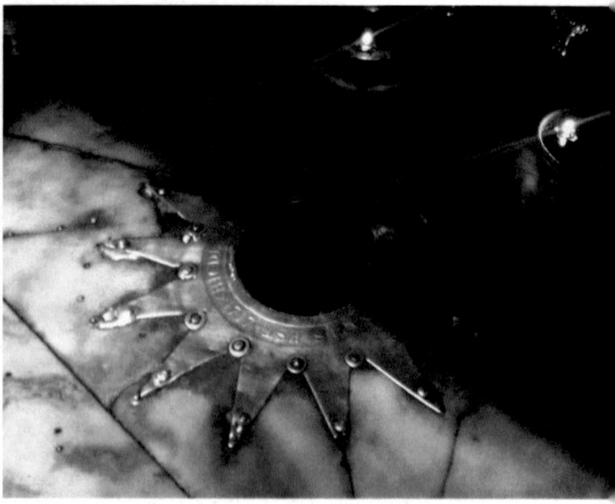

我排了兩個小時的隊，還被羅馬尼亞的大媽罵，就是為了看這個，耶穌誕生的地點

光是要離開巴勒斯坦這個區塊，就已經困難重重了，想想光是一路上公車檢查個兩三次我都不耐煩了，他們每天都要面對這種情況，再想想從他們的立場看，我的祖宗十八代，爺爺的爺爺的爺爺原本都住在這個地方好好的，突然我必須被驅趕搬離這個地方，永遠不能回來，這感覺的確會讓人生氣，現在又遭受到這樣不平等的待遇，到底誰才是真正的受害者呢？

【Israel 以色列】Mix-Dorm 混和宿舍

在旅途中常常為了要省錢，住在青年旅社的10人或是12人的宿舍裡，當然也男女混宿，常常見到澳洲陽光少男的年輕肉體，穿四角褲在寢室上網，也常常見到歐洲金髮少女的bra到處掛，只穿著內衣和內褲就直接睡覺了，棉被有蓋跟沒蓋一樣，常常年輕人在外面開party喝個爛醉回來，結果隔天我醒來時，竟然發現隔壁的床上多了一個垃圾桶，那時倒是蠻震驚的，但是見多了，也就習以為常了。

沒想到在以色列合宿時，碰到一件事情，讓我覺得我的思考邏輯是不是被扭曲了？和我住同一間的有一位丹麥大叔，保加利亞大叔，一位德國男生以及一位香港大叔，一天晚上，丹麥大叔跟我聊完天後準備要上床睡覺，在我

這算是整齊乾淨的了～

面前就直接脫下上衣，身上只剩下一件短褲，我就看著他脫衣服，結果香港大叔突然暴怒，對著丹麥大叔說：「你可以把衣服穿回去嗎！！？？有一位女孩在這裡！請你把衣服穿回去！」那位丹麥大叔愣了一下，就乖乖的把上衣穿回去了，頓時場面很尷尬，我圓場跟那位香港大叔說：「沒關係啦！我習慣了。。。」那位香港大叔說：「他不可以這樣子啊！妳是女生耶！怎麼可以隨隨便便這樣換衣服！我感覺他怪怪的，你覺得不舒服可以跟旅館說要換房間！」非常感謝香港大叔替我說話。。。但我其實也沒什麼羞恥心了。。。。。

如果說要Dorm會有什麼困擾的話，恩…有下列幾項吧？

第一、生活習慣差。如果有人打呼很大聲，真的會很想要殺人，同我剛剛講的，在以色列住宿的那位保加利亞大叔，打呼的聲音超級大聲！大聲到其他的人都受不了，還趁他不在的時候討論了一下，新住進來的比利時男生說：「天啊！他打呼的聲音像熊一樣，他每天都是這樣睡覺嗎？」德國男生面有難色地說：「他睡覺打呼真的有點大聲，Chloe你覺得呢？」挖哩！球不是這樣拋的吧？我說：「恩…是有點大聲，但習慣了…」比利時男生抱怨說：「天啊！我睡在他下層，我都受不了了！他知道他打呼這麼大聲嗎？我還狠狠地踹他床板很多次，可是只會有用幾分鐘，然後他又開始打呼！如果天天這樣，我可要搬出去了，這傢伙如果知道他本身是會打呼的人，他本來就不應該住在Dorm，他應該要自己住一間，這樣會影響到其他人的睡眠。」

第二、男女朋友住在一起無法控制自己慾望的。這不是我自己親身經歷，是聽人轉述的，他說剛好好死不死那間房只有三個人，他超級尷尬的，我卻開玩笑的問他說，那時候你應該要問他們說：「我可以參與嗎？」他回說：「等你真的遇到這種狀況的時候，你再來取笑我！」

第三、一群年輕人出去狂歡半夜回來。這種情形比較常見，但是影響比較小，因為只會是半夜吵一吵一陣子，然後就沒聲音了，只是早上起來時看到的場景會蠻精彩的。

第四、第三隻手。這個就令人討厭了，而且也很難證明是誰？所幸這種經驗目前在我身上還沒發生，其實大家也都是省吃儉用出來玩，為何要為難自己人呢？

大家都很守規矩，自己的東西都不會放到別人的地盤上

【Israel 以色列】外國人對於英文名字的看法

最近看了一篇PTT的文章，他在煩惱不知道要取什麼樣的英文名字在工作上使用，尋求眾鄉民的意見。而有一篇回文很有意思，他的回覆是外國人覺得中國人或台灣人取英文名字很可笑，因為有許多名字根本不適用，引起了許多討論串。我因此也想了解外國人對於東方人取英文名字的想法。

案例一：

在厄瓜多時，遇到一位德國女生，他詢問我的名字，我跟她說我叫做Chloe，她馬上就說：這並不像是一個中文名字啊~我跟她解釋說：喔~因為我的中文名字許多外國人不會發音，所以我直接請他們叫我Chloe，結果她很堅持的說：我還是希望聽到你的真實名字。我就跟她說我的名字，他發了一個很像似的音。我說：你發音比許多外國人標準多了。她回說：這個並不難啊~因為有些音節像是德文的音節。如果你說你叫做Chloe，我覺得你給了我一個假的名字，我希望聽到你說真的名字。我說：沒問題。心中的O.S.：她真的不喜歡聽到我們取一個英文名字。

案例二：

在智利遇到一位美國男生，詢問他對於英文名字的想法，他就舉個例子，他打電話給客服中心，他聽到口音就知道對方是位印度人，然後那位印度人對他說：「嗨！我的名字叫Bob（鮑伯），有什麼可以為你服務的嗎？」他心中的O.S.就會響起：我知道你的名字不是什麼Bob，應該是叫做Raj什麼的。對此，我就覺得他應該也對於英文名字蠻感冒的。

案例三：

在阿根廷碰到一位美國女生，在Cisco上班，遇到中國人和台灣人的機會相對多很多，她就說：她周遭有很多台灣人和中國人的英文名字非常有趣，遇到一位自我介紹說：Hi! My name is Bug（意思：蟲or 瑕疵）她臉頓時一皺，說：為什麼要取這個名字啊？回答說：因為我覺得bug這個音我很喜歡。她又碰到兩位相處的同事，一位叫做Jack，一位叫做Box，每次她就說：Jack in the Box（美國一間連鎖速食餐廳店名），她就說許多人（東方人）會為自己取一個根本不是名字的英文名字，只因為他們覺得很好聽，像是icecube（冰塊），snow（雪），apple（蘋果）…etc（她可以瞬間念出一大串時，其實我有點嚇到…）有的人取的英文名字會跟他中文名字有相同的意思。我問她說：那妳覺得這樣好還是不好嗎？妳希望聽到我們真正的中文名字嗎？她回說：其實我覺得這還蠻有趣的，因為我會想知道對方為什麼要取這個名字？然後我想要知道還有什麼有趣的名字。然後哈哈大笑起來～

案例四：

在以色列住在Dorm裡，在跟其他人自我介紹時，我說：「我叫做Chloe。」德國人聽到後就指著我的床鋪姓名牌，說：「那這是什麼？」（有的旅館會在床頭標示你的名字以便區分）他就指著我的中文姓名，我就趕快解釋說，這是我的中文姓名，但是你們叫我Chloe比較容易，這位德國人很在意我的真正名字是什麼。

結論是我覺得外國人還是希望能知道我們的真正中文名字發音，不過我覺得可以在自我介紹時，講說：「我是×××（真正的中文名字），但是你可以叫我Chloe…」這樣可能會比較禮貌吧？

亞洲：第五站

Asia

【China 中國】桂林山水甲天下，陽朔山水甲桂林

呼！原本四周都是阿拉阿拉和可蘭經的世界，一下變成看得懂的文字和聽得懂的語言，雖然變吵雜了許多，但真得安心不少，印度因為簽證問題去不成了，想來想去，還不如直接從香港進入廣東！所以把從約旦安曼飛往印度德里的航班改往直飛香港，再從廣東、廣西、貴州、雲南、四川，一路往西走！

在廣東找我朋友暫時休息了幾天，真的是在家靠父母，出外靠朋友！朋友替我接風洗塵，讓我龍心大悅，在這裡我做了一個決定，我將行李箱先寄放在我朋友家，然後改成登山背包，因為接下來的路程，真得拎著一個行李箱實在有點困難，在大潤發買了一個平價的登山包，又繼續上路了，搭乘動車抵達桂林只需要3-4小時，雖然桂林比我想像中的還要都市化，我還是要說這裡真的不是浪得虛名，因為我非常喜歡在城市裡就可以感受到大自然圍繞在你四周的感覺，非常的奇特。就像是你抬頭，看到的不是高樓大廈，卻是層層山巒，隔壁不是小橋流水而是大江大河。雖然現在桂林陽朔已經非常商業化了，所謂的竹筏也不是竹筏，是塑膠船加上馬達，不過風景依然很漂亮。

從旅社照出去的風景

這裡就是人民幣二十塊的背景，大家都會拿著鈔票照相。

【China 中國】當文明人，做文明事

2013/11/18日誌：

大叔！大媽！可以請你們不要吐！不要吐！不要吐痰好嗎？我幾乎每8.6分鐘就可以聽到吐痰聲，我知道大家身體不好，所以吐痰本身沒問題，有問題的是怎麼吐和吐在哪裡！像大叔每次都要養精蓄銳，跟孫悟空要打出界王拳的準備一樣，發出超級大的聲音，還有還有，像大媽在公園拿著麥克風唱歌是好事，練練歌藝讓大家欣賞，但是請不要唱著唱著就咳痰好嗎？整個公園的人都透過麥克風聽到您老人家在咳痰的聲音了。了解咳痰聲音大小有時候沒辦法掌控，但是不要隨便亂吐好嗎？吐在衛生紙裡、垃圾桶裡或是塑膠袋裡都好，但都是街上吐、公車上也吐、火車上又吐、連高鐵上還吐，有很多大叔吐在地上後掩飾性的用腳一抹，粉飾太平，並沒有啊！！還接觸面積變大了！這個真的是我唯一無法接受的事情。

【China 中國】旅館、廁所文化

連續兩個下榻的商務酒店（正派經營）的房間門縫都會被塞小卡，雖然旅館有被動防範的警告提醒，但也沒啥用，我覺得這還蠻有趣地，每次都在想說如果他在塞小卡的時候，如果我突然開門，他們會怎樣？又或者每次看這些小卡上面寫了些什麼？就像是台灣的汽車窗戶上都會夾小紙條之類的感覺，不過晚上每間每間的敲門是哪招啊？！亂槍打鳥也不是這樣子！

而我在中國也第一次嘗試了膠囊旅館，因為本身也蠻好奇到底長什麼樣，又便宜（只要人民幣五十塊左右），所以就下定了，結果一看還真有趣，裡面的設備比我想像的好很多，房間內部有電視，小燈，插座等等，背包都要鎖在櫃子裡，廁所和浴室都是要共用的，說實在以這個價錢和設備，我還頗滿意的，只是當我照出這個照片到Facebook時，被大家說連猴子住在這裡也會生氣。

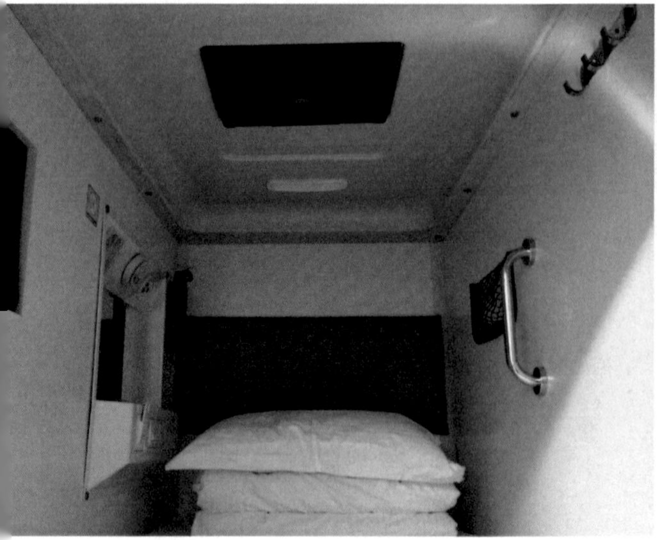
膠囊旅館

上面是電視，要帶著手機看，後面是簾子。還有插座和USB插孔。

後來到了昆明，想說好好好！不要住在連猴子都會生氣的膠囊旅館，那我去住商務旅館，結果住了一間商務旅館，看到廁所時有點傻了，恩……很有趣…只有廁所不是嘛？那我在哪裡洗澡呢？但是有浴簾耶？不就是代表水會流出去？在百思不得其解的時候，我的頭突然一抬，啊！蓮蓬頭…竟然在上面，所以這代表的是…？哇靠！你要我站在哪裡洗澡啊？這不管是站在哪裡都會跌到坑裡啊？洗澡何時也成為一種藝術了？可是在某方面，也算是非常的節省資源和空間，可以洗澡兼沖水？

講完了旅館，我想談的是，廁所！啊？大家都說現在中國文明多了！不會再有印象中沒門的廁所和無法沖水的狀況了！還講廁所啊？沒招了吧？其實在下我也是這麼想的啊！但是，什麼事情都會有個但書啊！中國這麼大，先讓一部分的地區好起來並不代表全部地區都好起來了，我去的地方在中國相對於比較偏僻，在廣西的山區，我的第一次就這樣獻出去了…由於我們搭乘大型巴士，中途仍然要下車上廁所，這個停駐的地方左邊是山壁，右邊是懸崖，廁所就矗立在這兩者之間，我看著前方人群正在排隊，望向廁所內，啊…除了要給廁所錢1塊人民幣，這件事情終於輪到我身上了！排隊的過程中，腦海一直不斷出現跑馬燈，環繞著「風蕭蕭兮易水寒，壯士一去兮不復返！」不間斷的騷擾著我，握著衛生紙的拳頭越捏越緊，搞得比之前去高空彈跳還緊張，看著一張張白白的屁股越來越接近我，大家若無其事地拿起衛生紙往屁股一擦，再穿起褲子，不用沖水喔！～因為沒有沖水器，內心不斷的在衝撞，乾脆不要上了，可是誰又知道下一次上廁所的時間在哪呢？心一橫，不過就是屁股嘛？每個人都有，有什麼好在乎的？大家都這麼做，我在這邊扭捏個什麼勁？人一蹲下來，上完廁所後，我發現我的心靈晉升到另外一層境界了，從此打開了開放上廁所之旅（啥？）。

開始漸漸習慣沒有門的廁所後，也發現了不同類型的廁所，沒有門，但是水是一條溝的算是不錯的廁所，至少上廁所的時候，你看不到你自己的穢物，但在你下游上廁所的人會看到，看到最多種的就是一個坑，沒有水也沒有門，這種上廁所真的要靠點技巧，盡量不要讓自己跟穢物接觸到，眼睛也不要往下看，眼睛一閉，什麼都過去了，我體驗過最噁心的一次廁所，是在雲南瀘沽湖附近的小村莊，那時不知道吃到什麼東西，肚子一陣絞痛，想去上廁所，拿著手電筒走到公共廁所，在遠遠的就聞到一股令人作嘔的味道，連走在我前面的大陸人都摀著鼻子說：「這。真的上不了！」一邊逃離現場，我往廁所裡面用手電筒一照，我的天啊！……這……糞便已經堆得跟小山一樣高，高過海平面了，這要我怎麼上啊？那味道……真的……會讓人不停乾嘔，可是，人有三急，我的肚子真的很痛啊！查看了每一間廁所，好樣的！都說好的一起就是了，只好隨便挑了一間，手電筒一關，憋氣！我什麼都沒看到，什麼都沒聞到，速戰速決！真的是什麼都經歷過了。。。

二合一浴室

【China 中國】蒼山洱海全武行

中國已經是旅途的最後一站了，由於語言又相通，所以精神上不會那麼的緊繃，所以只要是不方便到達的景點，我選擇了當地旅行團，妙的是，中國選擇旅行團的價錢，會比自己去還划算，而且跟團應該是旅行所有方式最安全的吧？我是這樣想的。

在雲南大理時，我們搭乘小巴士，差不多一台車十幾個人，大家都來自四面八方，當中午吃飯的時候，坐在同桌的一對東北小情侶只有男生坐在位子吃飯，女生則沒有來，導遊問男生說：「欸？另外一位怎麼沒有來吃呢？」男生只默默說了：「她不吃。」我們其他人也只想說她可能覺得團體飯不好吃不想吃罷了，大家也就不當一回事，當大家吃飽喝足後，看見不遠處小巴停車的地方，那對情侶正在說話，女生坐在副駕駛座上一直在哭，而男生在車旁一直對著女生在叫囂著。（車門關著的，所以男生進不去車內。）大家心想著小倆口吵架，應該等會兒就好了。

沒想到轉眼間男生開始朝女生丟東西（副駕駛座的車窗是開著的）我心想：沒必要這麼氣吧？

①

②

大家在遠處開始有點猶豫到底要不要去勸架？沒想到驚人的一幕在後面，男生開始跳起來打車內的女生，女生就在車內一直躲。

然後，我看到失傳已久的輕功水上漂！那男的竟然一蹬，就從地上透過窗戶直接鑽到車內，女生見狀況不對趕快跑到後面去。

我們大家都傻眼了，趕快要請司機開門，免得事情搞大了。那男的不斷地用拳腳踢打女生，大家勸也勸不聽，其他女生看到了，大呼：「天啊！~我以後絕對不交有暴力傾向的男生！太可怕了！」怎麼辦？現在才中午而已，下午還有其他行程，他們倆後來有些冷靜後就奔下車，導遊只好趕快追上去勸合，其他人在車子上議論紛紛，「唉啊！~這樣搞得我們下午的行程怎麼辦啊？」「導遊是無辜的啊！他們兩個不玩可以，要放我們導遊回來啊！」「等一下的行程是不是還有遊湖的啊？我可不想跟他們在同一艘船，他們如果在船上打起來，大家可就全下去了！~這可不行！」「有沒有救生

③

④

衣啊？」。。。。。結果，下午的行程，他們兩個全部都沒參
加，都待在車上。為什麼出來玩可以變成全武行啊？又不是在
開武器行～～跟團出來玩！風險不是旅行團，而是團員啊！

【China 中國】「姑娘！～你是四川人吧？」

在四川時，跟當地團去九寨溝三天兩夜（自己前往真的不方便），發現其實大家都吃不慣這種旅遊的大桌飯，大家不是自己帶酸菜又是買方便麵來吃，連導遊自己都講說米飯如子彈，大家麻煩將就著吃，但是我那時已經練就了看到食物就要吃飽的功力，不然之後沒得吃，晚餐我就把大量的麻婆豆腐倒入我的碗內，隔壁的東北大媽突然拍著我的肩膀對我說：「姑娘！～你是四川人吧？」

【China 中國】在旅途的尾聲中標了

旅途的最後行程，我預計從重慶飛到香港，再飛回台灣，說到重慶，不得不說到吃的，而吃的，就不得不說到辣，想說到了這裡沒有吃過麻辣火鍋實在太對不起自己，硬是要去吃上一次，跟著一位在旅途上碰到的廣東朋友一起去吃了，服務生端來了兩個白鍋，我一看，耶？這不是紅鍋啊？我問服務生，結果他回：「紅油在這！～」看他手上拿著一整罐的紅油準備開封倒入鍋內，我的白鍋瞬間變紅鍋，有一半以上是紅油。。。。。一半。。。

看到這陣仗，心中不免一沉，我撐得了嗎？最後的結果是，我把鍋內所有的花椒全部都打撈上岸，太麻了啊！！！我不管吃什麼東西進入嘴巴，都只剩下一種味道，我也不知道自己在吃什麼東西了，就是麻和辣！我真的是打從心中佩

半鍋的紅油

這還是沒加花椒的牛肉麵

服天天吃這麼麻辣的四川重慶人！

又隔天，去吃了一碗牛肉麵，第一次聽到店家除了問你要不要加辣？還問要不要加麻？結果端上來一看，又是紅通通的一片啊！這湯。。。。可以喝嗎？

而真正讓我中招的是。。。兩串大肉串，那時沒有想這麼多，想說打打牙祭，結果第一串肉串才沒吃完多久，肚子就開始不對勁了，我心想慘了！情況不妙，我一定要趕回旅館，一路上就一直撐撐撐到旅館，馬上跑廁所，來來回回跑了三、四趟，心想說應該沒什麼問題了吧？我這一路走來，都快尾聲了，也沒發生過什麼問題，就休息一陣子應該就沒事了，沒想到，當我睡覺睡到一半，被一陣痛意驚醒，肚子痛到四肢發軟的地步，坐在馬桶上全身一直冒冷汗，眼前突然一陣發暈，我心想：我可不想暈倒在廁所裡，難道要叫救護車了嗎？如果救護車看到我這屁股全裸倒在廁所的窘樣，我會很丟臉！！！我不想要！！！再休息看看會不會好一點？我還在心裡交戰的同時，其實也沒有力氣移動了，只好坐在廁所上休息。心裡又OS，在各個地方跑來跑去，不會念的食物名字也都亂吃，都沒有發生什麼事情，在距離回家的時間剩下不到五天內，竟然敗在兩隻肉串！！？？

終於過了一陣子後，整個痛意比較減輕後，趕快拿出隨身攜帶的腸胃藥吃下肚，然後趕快讓自己休息，結果最後幾天，我的旅程幾乎都在旅館度過，非常愜意的生活。。。我只能說，人不可以鐵齒，鐵齒會招報應的。

求生不能，求死不得

【Hong Kong 香港】謝金燕上身

香港轉機的時候，剛好是午餐時間，直接去買了快速又便宜的麥當勞，當我要點餐的時候，隔壁的櫃台來了一群小朋友，才一到櫃檯大家就七嘴八舌的爭著自己要點什麼，又一直詢問點餐人員兒童餐的內容和餐點相關的問題，拼命對著點餐人員喊著「阿姨！我要這個！」「阿姨！這裡面有什麼啊？」「阿姨！」「阿姨！」，一整個非常吵，所以抓住了我的眼光，點餐小姐是一位看起來是二十幾歲近三十歲的女生，一開始面對這吵雜的小客戶都不發一語。

沒想到櫃台小姐突然很大聲的對這群小孩子說：「叫姊姊！！」當下這群小孩子全部都嚇到了！我也嚇到了！

頓時這群小孩子的氣勢霎那間消失，怯生生地說：「……姊姊……我想點……」突然有禮貌了一百倍！我在隔壁看得差點笑出來，又怕太失禮，差點內傷。。。我很佩服那位櫃台小姐的變臉絕技。

【Taiwan 台灣】Home! Sweet Home!

2013/12/24日誌：

今天是聖誕夜，也是我這次旅途的句點。02/23/2013～12/24/2013，10個月，總共305天，28個國家，四大洲。在這些時間內發生許許多多的事情，雖然歷經小病小傷，卻無大病重傷，雖然遭遇偷拐搶騙，但人身至少平安，非常感謝在旅途中所遇見的每一位朋友，不管是一起出去玩、只有一面之緣，又或者是在我無助時拉了我一把…等，謝謝你們成就了我這趟獨一無二的旅程，也謝謝在遙遠一方一直擔憂我生命安全的家人與朋友們，在下沒有禮物回饋給大家，只能在這特別的日子裡，祝大家聖誕快樂！！平安快樂！Merry Christmas!! 我終於回來啦！！～～

【Taiwan 台灣】各種痛（內有噁爛畫面。。。）

在遊玩的過程中，千萬不要因為便宜而選擇不乾淨的旅館，因為這會讓你付出代價的！怎麼說哩？因為我就是苦主，還兩次！之前都不知道所謂的「臭蟲 Bed bugs」到底是什麼？果然在這次旅途中就碰到了，第一天就覺得手癢癢的，可是不知道是發生什麼事情？想說是被蚊子咬，但是隔一天發現紅點越來越多，越來越癢，癢到我受不了，結果只好上網查資料，才發現這是所謂的「臭蟲」。

結果我整隻手臂被咬得亂七八糟，生氣的是又找不到蟲在哪裡，網路上說這種蟲都躲在床裡，所以只要是旅館本身不乾淨就可能中獎，第二個可怕的事情，他竟然會黏附在衣服上跟著人走，等同於我的所有衣服都必須拿去高溫烘洗才有可能全部清除，第三個可怕的是，這種搔癢沒有辦法用塗抹的藥膏消炎止癢！！沒辦法止癢！！～～我必須癢個一兩個禮拜！！而且還會留下疤痕！經過這次的慘痛教訓，我

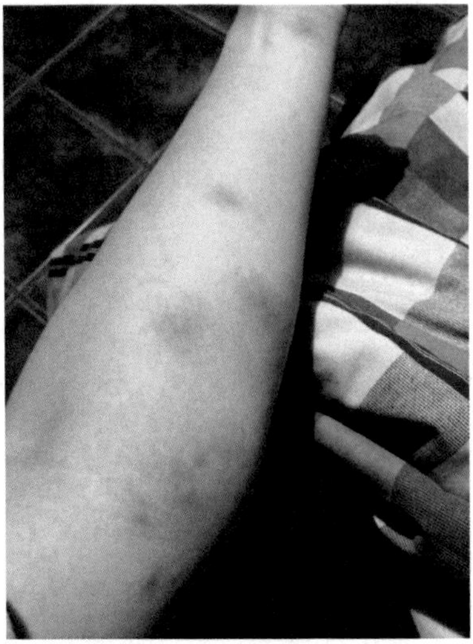

咬到整隻手都是，超級癢！！

寧願花多一點錢睡高級一點的旅館也不想要貪小便宜了，太可怕了！而且這種臭蟲並不是只有哪一地區才有，他遍及全世界！你躲也躲不掉，也可能因為背包客本身就是宿主，幫助臭蟲遷移。

如果在熱帶地區，如果看到外國人開始拼命的噴或塗抹防蚊液，千萬不要嘲笑他們這麼害怕蚊子，因為。。。蚊子真的很可怕，雖然台灣本身就有許多蚊子，想說被叮個幾下也沒差，如果這樣想的話，下場就會跟我一樣慘，我從來沒有想到蚊子可以這麼大隻，光是在叮的時候就會讓你覺得超痛！而且那紅腫的狀態會讓你想抓狂！也非常的癢！用藥塗抹的效果也不強，我第一次被咬得亂七八糟的地方在巴西，因為穿短褲，結果就被蚊子拼命攻擊，連隔壁的外國人都看不下去，借給我防蚊噴液，我拼命地拍打我的腿驅趕蚊子並大喊說：「他們正在吸我的血！！」隔壁外國人淡然的說：「是的。我看到了。。」

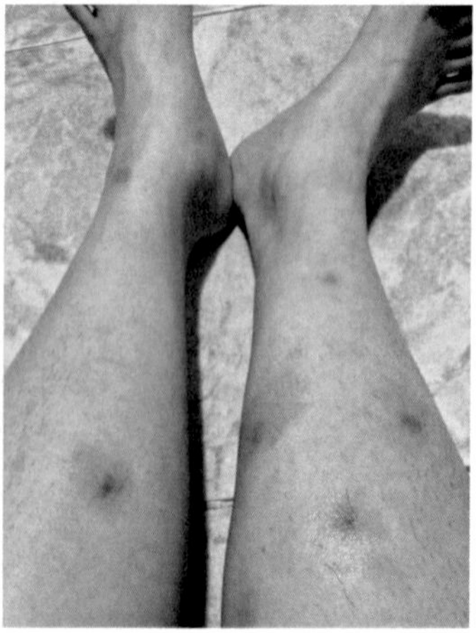

還有一次是發生在中國四川，當天碰到了下雪，在風雪中又必須要走行程，不知道為什麼，覺得腳趾頭凍到發痛，回去來發現我的腳指頭大拇指的指甲都黑青了！這應該是凍傷了吧？不過慶幸的是雖然有蚊蟲咬傷和感冒拉肚子，但是都沒有大傷大病，讓我完成旅程。

【Taiwan 台灣】行李箱 or 背包，Dotchi?

出發前其實在抉擇到底要用行李箱還是大背包，行李箱的好處是比較安全、耐摔、不用一直背在身上。缺點是行動比較不方便。大背包則是相反。最後，雖然看到前輩們都是用背包旅行，我想想我的肩膀和體力，選擇了行李箱（28吋），想說這樣照理論而言會輕鬆不少。但事實證明，我錯了。。。。。在以下的狀況，都讓我有當下摔行李箱的想法：

1. 在墨西哥或是各國家捷運站要抬著行李箱上、下樓梯的時候。（許多國家的捷運或是火車站沒有手扶梯或是升降梯）
2. 整個城市是山坡地形，要爬上爬下的時候。
3. 在哥斯大黎加，提行李廂搭船，把行李箱落地後，拖在沙灘上的時候。
4. 托行李在捷克鄉鎮街道都鋪著石磚路，那「喀拉喀拉」的聲音響徹雲霄，讓所有人對你進行注目禮的時候。
5. 在中國坐著非高鐵、動車的火車種類上。（因為沒有地方可以給你放這麼大的行李，只能擋在走道上）。

背包客，為什麼叫做背包客？還是有它的道理存在，如果只是一個定點的輕旅行或是交通方便的目的地，行李箱是個好選擇，但如果是要多點移動，過程會刻苦耐勞的，背包是你最佳的選擇。

還有一點想提醒的，只要是背包，最好要買可以把拉鍊扣住的鎖頭，不是我太疑心疑病，是我被偷怕了，你看的見的地方才是你的東西，你看不見的地方不是你的東西，背包背在後面，小偷鬼斧神工，假裝撞你一下，你的背包就被打開大半了，神不知鬼不覺，凡事要小心啊！

每次都想丟棄又撿起來的行李箱

【Taiwan 台灣】過夜交通工具

說到了省錢，就會想到過夜巴士，如果一個點到下一點，時間超過七、八小時，而你又不想浪費錢在住宿上面，過夜巴士，好像是一個選擇，但是這是個好選項嗎？因人而異。之前提到在墨西哥時坐了過夜巴士，結果因為司機開車開太猛，吐得亂七八糟，身體非常地不舒服，中美洲不說了，因為其實每個國家距離都蠻近的，不太用搭到過夜巴士，又或者說搭過夜巴士其實蠻危險的，其實南美洲的過夜巴士我覺得真的蠻划算又實在的，為什麼呢？

第一個、南美洲很大啊！每個點到另外一個點，隨便起跳就一定是八小時以上。

第二個、南美洲的飛機票真是貴啊！隨便都是兩百美金以上，每次花下去都在淌血。

第三個、因為南美洲的地形都是高山，也沒有什麼火車，所以交通工具除了飛機再來就是巴士了。

第四個、他們的巴士服務也很完善，都會準備早餐、晚餐給乘客食用，有時還會有下午茶時間，睡覺的時候還會發毛毯。（但有一次車子半夜壞了，司機開車門下去修車，外面的冷風灌上來我頓時睡意全無。）

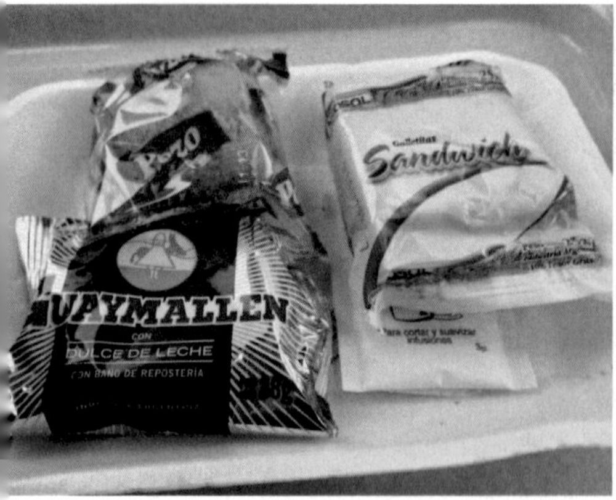

南美洲巴士：這是下午茶，還有人員幫忙倒咖啡

南美洲巴士：這是巴士上附的餐點喔！看起來不好吃，但對我而言已經很美味了

第五個、除了某些路段，其實大致上路上都很安全，不會發生什麼意外。（特別要注意的是哥倫比亞Cali到厄瓜多邊境的路段，因為這個路段特別多盜賊，建議再怎麼樣都要搭早上的巴士比較好。）

基於上面的因素，常常搭十幾、二十個小時的巴士好像也是家常便飯了。但是有時候，還是必須要斟酌一下，為什麼呢？我還是要再申明一次，南美洲很大，而且其中智利是全世界最長的國家！從哪裡可以得知？從他們最北端的城市Arica到他們位於國家中部的首都Santiago，如果搭飛機，差不多三小時可以到，耶？三小時，還好吧！~那如果搭公車要花多久時間嗎？整整35個小時，35個小時耶！！我的天啊！我要看著太陽升起又落下，又再升起可能都還沒到，我會想要奪門而出，所以我自己給自己訂了一個不成文的規定，只要坐車時間超過二十四小時，也就是一整天的時間，我就寧願搭飛機，在南美洲，巴士無極限！我愛巴士！

但是到歐洲時，又是另外的局面了，一開始我在西班牙的時候，也是選坐了過夜巴士，發現效果非常非常地差！因為相較於南美洲而言，歐洲點與點的距離近很多，所以常常每一小時，司機就會開燈說某某站到了，然後又過了一小時，開燈請大家下去上廁所，對！即使是半夜還是要去上廁所！所以凌晨的這六、七個小時就一直不斷地靠站、上廁所、靠站中度過，然後早上脾氣就會非常地不好，因為其實根本沒有好好地睡好覺。第二個原因是歐洲的火車價錢，其實可以比巴士價錢更便宜，也可能比巴士更快速，因為歐洲火車非常發達，所以連名不見經傳的小鎮都會有火車站，不用擔心巴士能到但是火車不能到，我在法國Nice則是碰到火車能到但巴士卻沒有站的狀況！從這裡就可以知道歐洲的火車非常地發達了。

而在中國呢？我通常就坐硬臥火車了，現在中國的鐵路也越來越發達，雖然在西部地區可能還是要做很慢的平快車，但是高鐵已經延伸到廣西地區了，我相信之後會越來越方便，這樣的話，其實就不用搭巴士了，因為之前一直被中國朋友告誡不要坐過夜巴士，太危險了！東西會被偷走或是遇到打劫，害我連坐火車都把我的家當壓在我的頭下當枕頭，但我看到大家也都是嗑瓜子聊天，有的還從北京搭車一路坐到廣西桂林，花了二、三十個小時，我聽到時都想替他鼓掌拍手了。

中國硬臥

【Taiwan 台灣】背包客的平日伙食

我要說的，還是食物，為什麼？民以食為天啊！大家在FB上拍的食物，都是在餐廳裡的食物，不是義大利麵、牛排、不然就是各地的特色高級餐點，大家都看到吃香喝辣的一面，但。。。這真的是每一天背包客所吃的食物嗎？當然不是啊！如果晚餐是吃泡麵或是自己煮的噁爛食物，會拍照到FB給大家看嗎？好！我讓大家看一下真實的每天早、中、晚餐吃的那些食物吧！早餐的部分，因為我都找有早餐供應的青年旅館，但其實大多數的青年旅館都會免費供應早餐，所以我就會盡量在早餐就吃很飽很飽，這樣就可以省掉中餐的錢，所以我提供的會是中、晚餐的照片，通常是晚餐。

自製大亨堡，咖啡是我從哥倫比亞買的雀巢咖啡粉，一直到中國才正式喝完。

自己煮的可樂雞，被外國人說看起來像是有人吐出來的嘔吐物

在阿根廷賣的最便宜的就是牛排了，趁這時候大吃。

自煮義大利麵，話說外國人自己煮通常都是煮義大利麵，因為最簡單，而且只需要一包麵條和一罐義大利麵醬就可以了，我煮的用看的就覺得不是很好吃。

你絕對不會想到在復活節島可以買到康師傅泡麵，但是一碗要價台幣100元，我看著包裝寫著人民幣3.5元默默地吃著，結果吃完身體整個過敏，不知道是不是泡麵本身的味精還是防腐劑過重，非常的不舒服，但是在這裡除非自己煮，就是去餐廳吃，這裡的物資缺乏，所有的東西都很貴，即使買食材也不划算，所以買這種一次解決的應該是最方便了。

用看的就知道，這真的不好吃，我在煮的時候，隔壁一位愛爾蘭人還一直想學怎麼煮「飯」，因為他們主食是麵。

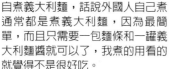

【Taiwan 台灣】一個人旅行好還是多個人一起旅行好？

這個話題總是個大哉問，當然是有好有壞。我列出我自己的想法：

一個人的優點：

第一、行程可以比較隨興和彈性，自己突然想去哪裡，可以隨時改變想法，不用顧忌別人的想法和步調，雖然這只囊括一點，但是是最重要的一項。

第二、比較有機會跟當地人接觸或是比較容易跟其他的獨行俠交朋友。

第三、不會跟旅伴吵架，很多人跟朋友或是同學出去旅行，結果常常是以吵架收場，連朋友都做不成，得不償失。

第四、成行的機會大，因為並不是每個人都有休假又或是像我一樣神經病辭職的機會。

一個人的缺點：

第一、一個人要顧及所有的因素，其實還蠻累人的，光是連上廁所都沒有人可以幫我顧行李。

第二、失落或碰到困難的時候，沒有一個可心情宣洩或討論的對象，這是蠻重要的一點。

第三、旅行上面對許多行程package和旅館，對於兩個人以上的優惠會比單人還要多。

我覺得最好的狀況是找到至少一位以上合拍的旅伴，在旅途上可以達到相輔相成的功用，而不是搞得到最後變仇人，互相絆住別人的腳跟，但是合拍的知音卻難尋啊？所以許多時刻，如果不希望將友人變仇人，一個人旅行會是對自己最好的方式。

【結語】自從旅遊回來，腦筋變好，考試都考一百分了？別鬧了！

回到台灣後，有恍若隔世的感覺，連續宅在家裡好幾天，不管是生理或是心理上都可以好好的放鬆下來，我爸媽拿出了一疊我從世界各地寄回來的明信片，我一張一張看著，細數著過去，覺得時間好快，一下子就回來了，前幾個月我還學著阿拉伯的勞倫斯住在沙漠中，喝著超級甜的紅茶，啃著乾乾的餅皮，現在，我在家了。

我可以穿著拖鞋晚上八、九點出去買繼光街鹽酥雞，不怕被人搶，晚上睡覺的時候也不用擔心明天早上醒來的時候東西會不會少掉？搭乘捷運的時候不用擔心背包會不會被打開？恩…好啦！這個還是要擔心一下，但是我現在習慣都會把錢包和手機直接握在手上，手裡有拿到的，才真的存在，又或者是出門不會大包小包，可能只拎著一個破紙袋或是小塑膠袋，裡面裝著小錢包和鑰匙，金額也不會放太多，也不用想到拖著這個大行李箱要前往何處，住家樓下的警衛還跟我爸媽說：「每次收到妳女兒的明信片都很高興，感覺我也跟著妳女兒一起環遊世界了一樣。」

在旅途中，心境也不停在變化，在中南美洲時，覺得台灣已經很不錯了，治安又超好，很多地方很方便，為什麼要抱怨這麼多？但是到了歐洲時，又會覺得台灣的制度其實還是有許多地方要改進的，又批判了不少，內心不斷地在正反合中度過，腦中一直不停地將自己之前的理論推翻掉，到後來覺得每個地方和國家都有自己的優缺點，而成就出每個地方的文化和特色，這不就是所謂的人文風情嗎？心境上其實也沒變什麼，每個人在世界各地都非常努力的活著，發展出自己的人生和一片天，我只是跑到別人的世界看看別人的生活罷了！老媽每次在台灣看到外國背著背包走在街上時，她就對我說：「我就想到你，你跟這些外國人一樣到處趴趴走，都不怕死。」

這趟旅程帶給了我什麼？在我出發前，我曾經想過，如果在旅程中一旦發生了任何最悲慘的意外，危及到我的生命，那也是我自找的，我不會有任何怨言，但走到半途時，因為護照、錢等等被偷、搶，一度懷疑自己到底還有沒有勇氣繼續走下去？我朋友那時候告訴我，如果我這時候放棄了，之前的努力到底算什麼？之前為了這趟旅程，特別努力存錢，還自願出差，這些努力也要連同一起放棄了嗎？路都走到一半了，就要繼續走完，這輩子才不會後悔，完成了這趟旅程，帶給我的是獨一無二的回憶，我所見到的人，所碰到的事，所有好的、壞的、不可思議的，交織成一個一個故事和畫面，而造就了我，而我將我的故事經驗分享給大家，我也非常感謝每一位在旅途中遇到的人，謝謝你們幫助我，也跟我分享了你們的人生和故事！有人問過我，你都已經去過這麼多的國家，會不會之後都不想再到處旅行了？我想也不想地回說，怎麼會呢？世界這麼大。

PATAGONIA
Taxco
KRAKOW
BUDAPEST
Gdansk
MONACO

把世界各地的明信片寄給自己

國家圖書館出版品預行編目

等我一下,我去環遊世界 / 小吉狗著. -- 臺北市 : 獵海人, 2016.02

面； 公分

BOD版

ISBN 978-986-92693-1-5(平裝)

1. 旅遊文學 2. 世界地理

719 105000327

獵海人

等我一下，我去環遊世界

作　　者　小吉狗
圖文排版　賴英珍
封面設計　蔡瑋筠
出版策劃　獵海人
製作發行　獵海人
114 台北市內湖區瑞光路76巷69號2樓
電話：+886-2-2518-0207
傳真：+886-2-2518-0778
服務信箱：s.seahunter@gmail.com

展售門市　國家書店【松江門市】
10485 台北市中山區松江路209號1樓
電話：+886-2-2518-0207
三民書局【復北門市】
10476 台北市復興北路386號
電話：+886-2-2500-6600
三民書局【重南門市】
10045 台北市重慶南路一段61號
電話：+886-2-2361-7511

網路訂購　博客來網路書店：http://www.books.com.tw
三 民 網 路 書 店：http://www.m.sanmin.com.tw
金石堂網路書店：http://www.kingstone.com.tw
學思行網路書店：http://www.taaze.tw

法律顧問　毛國樑　律師

出版日期：2016年2月
定　　價：680元